RICHARD ROHR

Dem Wunder begegnen

RICHARD ROHR

Dem Wunder begegnen

Ein Begleiter
auf dem Weg nach Ostern

Aus dem Amerikanischen übersetzt
von Annette Nau

FREIBURG · BASEL · WIEN

Die Bibeltexte, die Richard Rohr für die Tage der Fastenzeit zugrunde legt, entsprechen der Leseordnung, die seit 1969 in der römisch-katholischen Kirche Geltung hat und an den Sonn- und Feiertagen einem Rhythmus von drei Lesejahren folgt. In den Vereinigten Staaten wurde sie von vielen protestantischen Kirchen übernommen und angepasst, zuletzt 1992 im «Revised Common Lectionary».

Auf dem Weg nach Ostern

Das vorliegende Buch entstand während einer Fasten-einkehr in der Wüste von Arizona im Jahr 2010. Die Gedanken kamen sehr leicht und schnell – das Geschenk einer langen Zeit der Stille und des Rückzugs. Ich hoffe, dass sie auch für Sie zum Geschenk werden, vor allem für jene von Ihnen, die selbst tiefer eintauchen möchten oder mit der wertvollen Aufgabe des Predigens und Lehrens betraut sind. Der Titel, den ich selbst meinem amerikanischen Verlag vorschlug, lautete *The Wondrous Loop* («Die wundersame Schleife»), da ich mich selbst in eine wundersame Schleife von Wahrnehmungen und Einsichten hineingezogen fühlte, die bei jeder inneren Erfahrung einander wechselseitig bestärkten, enthüllten und bestätigten. [Eine «Schleife machen» (*looping*) bezeichnet im Amerikanischen, ähnlich wie «spiegeln» (*mirroring*), eine Gesprächstechnik des aktiven Zuhörens und gegenseitiger Verständnisklärung. Anm. d. Ü.] Zum einen fand ich mein inneres Gebet in den Worten der Bibel wieder, zum anderen erlaubte mir das geschriebene Bibelwort, meiner inneren Erfahrung zu vertrauen und mich ihrer Wahrheit zu versichern. In dieser «Schleife» aus Bibelwort und Erfahrung lässt sich ganz deutlich eine Spirale erkennen, die sich nach unten zum

Tod hin dreht, gleichzeitig aber, von innen heraus, auch nach oben zum Leben hin führt. Es war eine äußerst kontemplative Zeit für mich, doch selbst die stille Weite des Ortes konnte nicht verhindern, dass sich mir die Bedeutung der Schrifttexte für unsere heutige Gesellschaft aufdrängte. Mir wurde klar, dass Aktion und Kontemplation untrennbar miteinander vereint sind, dass sie einander brauchen und fördern.

Es war tatsächlich wunderbar für mich zu erleben, wie Entsprechungen und Parallelen, Zeichen und Symbole bald überall auftauchten – beim Studium, im Gebet, bei meinen langen Spaziergängen in der Wüste und auf den beschriebenen Seiten. Die Tage waren ein stetiger Strom. Als schließlich der Ostersonntag angebrochen war, erkannte ich, dass fast alles, was für mich zu den großen Themen der Bibel zählt, oder zumindest der Bibel, wie ich sie verstehe, den Weg aufs Papier gefunden hatte. Deshalb ist es meine Absicht, die Texte nicht einfach als tägliche Betrachtungen darzubieten – auch wenn ich hoffe, dass sie diesen Zweck erfüllen –, sondern als eine auf der Fastenzeit basierende Begegnung mit der Bibel selbst. *Nicht einfach nur, «was» in der Bibel steht, sondern eher, «wie» wir die Bibel für uns selbst interpretieren und wie wir heute durch diese parallelen Situationen wachsen können.* Nicht nur Information, sondern vielmehr Erfahrung der Transformation, nicht nur Erklärung, sondern vielmehr Begegnung selbst.

Ich hoffe und bete, dass das Lesen auch für Sie zu einer wahren Erfahrung der Einkehr wird und zu der Begegnung führt, die Ihnen entspricht.

Richard Rohr

Inhalt

Einleitung

Die wundersame Schleife

Es gibt zwei Einsichten im Leben, die wirklich von Bedeutung sind. Die erste geschieht, wenn wir wissen, dass unser einzigartiges Leben *absolut wertvoll und erfüllt* ist. Die zweite, wenn wir erkennen, dass unser gegenwärtiges Leben *vollkommen sinnlos und leer* ist. Wir brauchen beide Momente, um in die richtige Richtung weiterzugehen. In der Fastenzeit geht es genau darum. Die erste Einsicht schenkt uns Energie und Freude, indem sie uns mit der Quelle und dem Grund unserer Existenz in Verbindung bringt. Die zweite Erkenntnis zeigt uns Grenzen und Schranken auf und gibt uns die rechte Demut, damit wir die Suche nach der Quelle unseres Daseins nicht aufgeben und stattdessen nur um unser kleines Selbst kreisen.

Das Paradoxe daran ist, dass wir unser Selbst ohnehin finden werden: unser großes Selbst in Gott und unser kleines Selbst in uns. Gott liebt sie beide.

Die heilige *Teresa von Ávila* fasst es so zusammen: «Wir finden Gott in uns selbst und wir finden uns selbst in Gott.» Mit einer solchen Maxime hatte sie es ganz sicher nicht nötig, einen Therapeuten aufzusuchen. Dennoch möchte ich hinzufügen, dass es viel mehr so ist, dass wir gefunden werden als dass wir etwas finden! Paulus drückt es so aus:

«Dann aber werde ich ganz erkennen, so wie auch ich ganz erkannt worden bin» (1 Korinther 13,12).

Lassen wir uns also darauf ein, während der kommenden vierzig Tage der Fastenzeit erkannt zu werden! Von Anfang bis Ende. Wir brauchen uns vor nichts zu verstecken, nichts haben wir vor uns oder vor Gott zu verbergen. Wenn wir es zulassen, ganz erkannt zu werden, werden wir wissen, was wir wissen müssen. Aus diesem Wunsch heraus habe ich diese Meditationen verfasst. Es ist genau diese wundersame Schleife aus göttlicher Offenbarung, unserer nun angstfreien Selbstenthüllung und einem heilenden gegenseitigen Annehmen, die uns an «Weisheit, Reife und Gnade» (Lukas 2,40) wachsen lässt. Tatsächlich ist das der Weg, den alle Liebe geht, und es ist der einzige Weg, überhaupt wachsen zu können.

Da man sich an eine einzelne Zeile meist besser erinnern kann als an ganze Textabschnitte, habe ich über jede Betrachtung eine prägnante Phrase oder Überschrift gesetzt, die für mich die jeweilige Hauptaussage zusammenfasst. Dann kehre ich die übliche Vorgehensweise um und beginne mit der Meditation, auf die dann die Schlüsselverse der entsprechenden Bibellesetexte folgen. Ich hoffe, dass es Ihnen auf diese Weise möglich wird, die jeweilige Bibelstelle mit mehr Klarheit, Einsicht und neuer Lust selbst zu lesen. Im spirituellen Leben, so habe ich erkannt, ist weniger immer mehr. Zu lange oder zu viele Bibelzitate hindern uns nur daran, unseren Blick zu fokussieren und das Gelesene auf uns wirken zu lassen. Wir wissen nicht, worauf wir unseren Blick richten sollen. Am Ende blicken wir nirgendwo hin, um dann in einem Durcheinander frommer

Verwirrung einfach weiterzustolpern. Ein kleines Stück von Gottes Wort kann uns dagegen schon sehr weit bringen.

Da viele Christen dazu neigen, Gebete nur zu lesen oder zu rezitieren anstatt mit dem Herzen zu beten, habe ich absichtlich keine kompletten Gebete für jeden Tag verfasst. Stattdessen lade ich dazu ein, sich selbst dem Einen Heiligen zu öffnen, indem ich sozusagen einen «Appetithappen», einen Gebetsanfang anbiete. Ich möchte, dass Sie selbst in diese wundersame Schleife des göttlichen Dialogs eintauchen und auf die Worte hören, die aus Ihrem eigenen Herzen kommen.

Meine Betrachtungen über die tägliche Schriftlesung während der Fastenzeit sollen nicht einfach nur der Information oder dem Studium dienen (auch wenn ich hoffe, dass sie beidem gerecht werden), sondern unserer eigenen Verwandlung hin zu unserem ursprünglichen «Bild», das, wie uns die Bibel sagt, das Ebenbild Gottes ist (Genesis 1,26). Was immer und letztendlich für uns alle zählt, ist *die Begegnung selbst!*

1

Aschermittwoch

Ein neuer Anfang!

2 Korinther 5,20–6,2

E s scheint, als bräuchten wir Menschen Neuanfänge, denn ohne sie würde alles irgendwann bedeutungslos werden und sich in ein trauriges Nichts auflösen. Wir sind aber zu sehr viel mehr bestimmt! Deshalb wollen wir heute um *die Sehnsucht nach dem Sehnen* bitten. Selbst wenn wir es vielleicht noch nicht in uns spüren können, bitten wir um eine neue, nie gekannte Art der Sehnsucht, denn am Ende bekommen wir immer genau das, wonach wir uns wirklich sehnen. Das verspreche ich Ihnen! Da es der Heilige Geist selbst ist, der diese Sehnsucht in unserem tiefsten Inneren wachruft und wachsen lässt, erhalten wir nicht weniger als das, wonach wir uns tatsächlich sehnen – und wahrscheinlich noch viel mehr.

Wir *sind* die Sehnsucht Gottes. Gott sehnt sich durch uns, er sehnt sich nach Leben und Liebe durch uns und in uns. Wenn wir es zulassen und danach leben, werden wir unseren Platz im Universum der Dinge finden. Doch lassen Sie mich darauf hinweisen: Wir können uns nicht nach etwas sehnen, das wir noch nie gekostet haben. Machen Sie sich also jene tief in Ihnen verborgen liegende Sehnsucht bewusst, spüren Sie ihr mit ganzem Herzen nach, lassen Sie sie offen und weit werden an diesem Aschermittwoch der Neuanfänge. Wenn Gott sich nicht zuerst nach dieser Sehnsucht gesehnt hätte – in uns und für uns und *als* uns –, könnten wir sie niemals verspüren.

Erinnern Sie sich zum Schluss daran, dass die Asche auf Ihrer Stirn die Asche der am Palmsonntag des vergangenen Jahres verbrannten Palmzweige ist. Neue Anfänge kann es immer nur geben, wenn wir es zulassen, dass alte, falsche Dinge sterben.

So sind wir also Botschafter an Christi statt, da ja Gott durch uns Mahnungen ergehen lässt. An Christi statt bitten wir: Lasst euch mit Gott versöhnen! ... Als Mitarbeiter Gottes ermahnen wir euch, dass ihr die Gnade Gottes nicht vergeblich empfangt. Denn es heißt: Zu willkommener Zeit habe ich dich erhört und am Tag des Heils habe ich dir geholfen [Jesaja 49,8]. Jetzt ist die hochwillkommene Zeit, jetzt ist der Tag des Heils.

2 Korinther 5,20; 6,1–2

Einladung zum Gebet

Gott, gib mir die Sehnsucht, mich nach dem zu sehnen, wonach ich mich nach deinem Willen sehnen soll.

2

Vor der Erfahrung liegt die Entscheidung

Deuteronomium 30,15–20; Lukas 9,22–25

Vor einigen Jahren habe ich ein Buch über «nicht-duales Denken» geschrieben *(The Naked Now, deutsche Ausgabe: «Pure Präsenz. Sehen lernen wie die Mystiker»)*. Mit diesem Begriff bezeichne ich eine Sichtweise, wie sie den Heiligen und Mystikern zu eigen ist: nicht *entweder-oder*, sondern *sowohl-als-auch*. Genau diese Haltung ist es, die es ihnen ermöglicht, zu vergeben, über Angriffe hinwegzusehen, umfassende Barmherzigkeit zu üben, sich um die Armen zu kümmern und selbst ihre Feinde zu lieben. Die meisten von uns wissen, dass wir genauso handeln sollten, doch offen gesagt wissen wir nicht *wie*.

Als ich angefangen habe, mich in meinen Vorträgen und Büchern mit diesem Thema zu beschäftigen, bemerkten viele zu Recht, dass selbst in der Bibel scheinbar viele Beispiele für duales Denken zu finden sind. In den oben genannten Bibeltext-Abschnitten stellen uns sowohl Mose als auch Jesus vor eine klare und unumgängliche Entscheidung. Wir haben nur ein Leben, und gute Lehrer wissen, dass es in diesem Leben darum geht, unsere wahre Bestimmung zu entdecken (das ist es, was mit «Rette deine Seele» gemeint ist). Die Voraussetzung dafür ist jedoch, dass wir an irgendeinem Punkt unseres Lebens eine klare Entscheidung treffen: «Segen oder Fluch» in der Sprache Moses, «wahres Selbst oder falsches Selbst» in den Worten Jesu.

Nur wer sich zunächst ganz «dualistisch» für das «Gesamtbild», für das Abenteuer des Lebens, die Reise mit Gott entscheidet, gelangt schließlich zum nicht-dualen Denken oder zur «Barmherzigkeit». Das klingt paradox, oder? Doch wir brauchen beides, um den Weg bis zum Ende zu gehen. Eine klare Wahl oder Entscheidung gibt uns den Anstoß und setzt uns auf den richtigen Weg, und wenn wir diesem dann folgen, wird er uns öffnen für die Feinheiten, Nuancen, Schatten, Widersprüche, Unregelmäßigkeiten, Brüche und Gegensätze, die es fast überall gibt. Und rasch erkennen wir, dass das, was Jesus gesagt hat, tatsächlich wahr ist: Niemand ist absolut gut außer Gott (siehe Markus 10,18). Paradoxerweise ist es die Entscheidung für diesen vollkommen guten Gott, die es uns ermöglicht, erfolgreich mit dem Nicht-Guten umzugehen.

Wir müssen also zuerst entscheiden, auf welches Pferd wir setzen, wir müssen unsere Flugbahn festlegen, eine Wahl treffen und uns der Großen Liebe ausliefern. Sämtliche jüdischen Propheten wie auch Jesus fordern uns zu dieser dualistischen Klarstellung des Wegbeginns auf: Gott oder Mammon, Schafe oder Böcke, die schmale Pforte, das scharfe und schmerzbringende Schwert der Einsicht und der Entscheidung. Doch seien Sie auf die Prüfungen und die Verwirrung vorbereitet, die diese klare Entscheidung mit sich bringt. Ja, der Schauplatz ist zwar kleiner geworden, doch gleichzeitig ist er von Neuem eröffnet. Die große Veränderung liegt darin, dass die Fragen, mit denen wir uns von nun an beschäftigen, tatsächlich *von Bedeutung* sind!

Ich rufe heute den Himmel und die Erde zu Zeugen gegen euch an: Leben und Tod, Segen und Fluch habe ich dir vor Augen gestellt. So sollst du denn, damit du und deine Nachkommen am Leben bleiben, das Leben wählen, indem du den Herrn, deinen Gott, liebst, seiner Stimme gehorchst und an ihm festhältst!

Deuteronomium 30,19–20

Denn wer sein Leben retten will, muss es zuerst verlieren; wer aber sein Leben verliert um meinetwillen, der wird es retten. Denn was nützt es dem Menschen, wenn er die ganze Welt gewinnt, sich selbst aber dabei verliert und zugrunde geht?

Lukas 9,24–25

Einladung zum Gebet

Herr, hilf mir, gute Entscheidungen zu treffen, und gib mir den Willen zu lernen, was durch diese Entscheidungen tatsächlich von mir verlangt wird.

3

Unser erstaunliches Talent,
das Wesentliche zu übersehen

Jesaja 58,1–9a; Matthäus 9,14–15

Jesaja, geläutert durch das Babylonische Exil, definierte Fasten auf eine ganz neue und ziemlich «säkulare» Weise. Wenn man bedenkt, dass die Dinge heute kaum anders liegen, ist es äußerst mutig, dass die Kirche einen Text, der so voller unverblümter Kritik steckt, als Schriftlesung am Anfang der Fastenzeit vorsieht. So mancher Gelehrte ist der Meinung, dass es genau diese Art von Aussagen war, die letztendlich zu Jesajas Ermordung geführt hat. Jesaja kritisiert und verurteilt seine jüdischen Glaubensbrüder, weil sie sich durch Einhaltung des Rituals, durch Fasten und formales Tempelgebet «kasteien» und «den Kopf hängen lassen», den Sinn der Religion im Wesentlichen aber nicht begreifen. Unter den Frommen, der Priesterschaft oder den konservativen Tempelgelehrten der damaligen Zeit war der Text ganz sicher nicht sonderlich beliebt.

Jesaja sagt in aller Deutlichkeit, dass Gott eine andere Art des Fastens bevorzugt, die unseren derzeitigen Lebenswandel tatsächlich verändert, anstatt nur unseren Körper zu bestrafen. (Wenn wir versuchen zu vermeiden, dass wir

Freitag nach Aschermittwoch

unser Konto, unseren Terminkalender oder unsere Vorurteile antasten müssen, ist es immer der arme Körper, der als Sündenbock herhalten muss.) Jesaja fordert uns unmissverständlich dazu auf, soziale Gerechtigkeit und Gewaltlosigkeit zu üben, Schwächere nicht länger zu unterdrücken, unser Brot mit den Armen zu teilen, die Nackten zu kleiden, unsere Anspruchshaltung und üble Nachrede aufzugeben und Obdachlosen ein Dach über dem Kopf zu geben. Er lässt keinen Zweifel daran, dass dies die wahre Art des Fastens ist, ein Fasten, wie Gott es will.

Es ist erstaunlich, wie wir es geschafft haben, das Wesentliche zu übersehen. Mit großer Wahrscheinlichkeit hatte das, was wir später die leiblichen Werke der Barmherzigkeit genannt haben, seinen Ursprung in dieser Passage. Es ist anzunehmen, dass Jesus mit dem Text sehr vertraut war, da seine Predigt über das Weltgericht große Parallelen aufweist (Matthäus 25,31–46).

Der Abschnitt aus Jesaja passt wunderbar zu dem kurzen Evangelium, in dem es um die Frage geht, warum Jesus und seine Jünger nicht fasten. Jesu Antwort lautet: «Weil es die falsche Art des Fastens ist!» Dann führt er ein von ihm bevorzugtes Thema oder Sinnbild ein, das er schrittweise weiterentwickelt: Er vergleicht das Leben mit einer Hochzeitsfeier, bei der er der Bräutigam und die Menschheit die Braut ist. Wir werden bald sehen, dass Jesus nicht an einer Elite interessiert ist, die zwar ihre Rituale korrekt ausführt, sich aber weigert, an dem Hochzeitsfest teilzunehmen, das Gott für *alle*, für Insider wie Outsider, vorbereitet.

Rufe aus vollem Hals und halte nicht zurück! Erheb deine Stimme gleich einer Posaune und verkünde meinem Volk seine Frevel, dem Haus Jakob seine Sünden! ... Ist das ein Fasten, wie ich es liebe? Das nennst du ein Fasten, einen Tag, der dem Herrn gefällt?

Jesaja 58,1.5

Warum fasten wir und die Pharisäer, deine Jünger aber fasten nicht?

Matthäus 9,14

Einladung zum Gebet

Gott, worauf soll ich in dieser Fastenzeit verzichten? Ist es etwas anderes als das, was ich mir vorstelle?

4

Durchschlagende Argumente

Jesaja 58,9b–14; Lukas 5,27–32

Ich sage es nur ungern, aber der gestrige schonungslose Abschnitt aus Jesaja setzt sich heute fort. Doch nun wendet sich der Text ins Positive: Jesaja beschreibt, wie ein gerechtes Volk und Land aussähen, wenn die Menschen auf die richtigen Dinge verzichteten. Für seine Beschreibung verwendet er so wunderbare Begriffe wie Licht, Erfüllung, neue Kraft, bewässerte Gärten, Fürsorge und Wonne. Er spricht von einer «Quelle, deren Wasser nie versiegt», und davon, dass wir «auf den Höhen der Erde dahinfahren» sollen. Doch all diese Dinge hängen von unserer Entscheidung ab, unsere Lieblosigkeit aufzugeben und stattdessen Gerechtigkeit zu üben. Es ist genau dieser Abschnitt über «Wiederaufbau und Wiederherstellung», auf den sich unsere jüdischen Brüder und Schwestern heute beziehen *(tikkun olam)*, wenn sie zur sozialen Gerechtigkeit aufrufen.

Derselbe Tenor wie gestern setzt sich auch bei Jesus fort. Zum wiederholten Mal wird ihm vorgeworfen, mit den falschen Leuten im Hause eines ebenso falschen Mannes, nämlich des Zöllners Levi, zu Tisch zu sitzen. Jeder, der mit den römischen Unterdrückern kooperierte, war per definitionem und aufgrund seiner gesellschaftlichen Stellung ein «Sünder». Damals wie heute würden gute Patrioten und Kirchgänger sagen, Jesus «kooperiere mit dem Bösen» und mache sich zum «Komplizen» ihrer Sünde. Doch Jesus erinnert sie daran, dass ihre Definition der Heiligkeit als «Trennung von» gänzlich falsch ist (siehe Levitikus 11,24). Jesu Agenda und Strategie sind völlig anders, auch wenn dieses falsche «Heiligkeitsgesetz» bis heute in jeder unreifen Religion fortwirkt. Jesus ist gekommen, um die Menschen zu verwandeln, und nicht, um sie auszuschließen. Er ist für die scheinbaren Verlierer gekommen und nicht, um für die vermeintlichen Gewinner einen exklusiven Club zu gründen.

Wenn du aus deiner Mitte entfernst Bedrückung, Fingerzeigen und Unheilsrede, wenn du Hungrigen dein Brot reichst und den Gebeugten sättigst, dann wird im Dunkel dein Licht erstrahlen ... und der Herr wird dich allzeit leiten und selbst im dürren Land dich sättigen.

Jesaja 58,9–11

Nicht die Gesunden brauchen den Arzt, sondern die Kranken. Ich bin nicht gekommen, Gerechte zu berufen, sondern Sünder zur Umkehr.

Lukas 5,31–32

Einladung zum Gebet
Gott, wo stecke ich fest und kann es nicht sehen?

Erster Fastensonntag

Versuchung bedeutet, von etwas angezogen zu sein, das (nur) teilweise gut ist

Matthäus 4,1–11; Markus 1,12–15; Lukas 4,1–13

Am ersten Sonntag der Fastenzeit wird in der Kirche traditionell einer der Texte über die Versuchung Jesu in der Wüste gelesen, entweder aus dem Matthäus-, Markus- oder Lukasevangelium. Wir hören hier, wie Jesus seine vierzig Tage in der Wüste erlebt hat, und deshalb scheint es passend, dass auch wir unsere vierzig Tage der Fastenzeit mit diesen Texten beginnen. Es scheint ziemlich offensichtlich, mit welchem Thema wir uns heute befassen werden, doch wenn wir es näher betrachten, ist es auf einmal überhaupt nicht mehr so klar.

Wenn Jesus (in den Augen vieler Christen) schlicht und einfach «Gott» ist, wie oder warum kann Gott dann versucht werden? Tatsächlich scheint es in allen drei Evangelientexten so, als besäße Satan in mancher Hinsicht mehr Macht als Jesus. Das Bild, das wir heute von Jesus und Gott haben, unterscheidet sich deutlich von dem, das wir bei Matthäus, Markus und Lukas finden. Um das Paradox Jesu zu beschreiben, stand den Evangelisten noch nicht das Konzept der späteren Konzilslehre zur Verfügung, dass in Jesus eine *Person* in zwei unterschiedlichen und unvermischten *Naturen* (göttliche und menschliche) geeint sei (Die Dogmatiker nennen dieses Konzept «hypostatische Union»).

Die Frage, mit der wir uns heute beschäftigen sollten, scheint mir aber folgende zu sein: Was genau bedeuten die Versuchungen für das Menschsein Jesu? Für mich sind die drei Versuchungen, denen Jesus in der Wüste ausgesetzt ist, die primären und universalen Versuchungen, denen sich jeder Mensch stellen muss, bevor er es wagt, irgendeine Art von Macht anzunehmen – so wie Jesus es kurz darauf tun wird. Jede der drei beschriebenen Situationen stellt eine Versuchung dar, Macht für geringere Ziele als die Ziele Gottes zu missbrauchen: Konkret geht es um den Missbrauch von Macht im Alltag, dann um Missbrauch religiöser Macht und schließlich um Machtmissbrauch in der Politik. Genau das sind die immer wiederkehrenden Tragödien, die die Menschheit ein ums andere Mal niederzwingen. Jesus besteht alle drei Prüfungen. Er lässt sich nicht für geringere Ziele benutzen, und schließlich «lässt der Teufel von ihm ab». Wenn wir in der Lage sind, diesen Dämonen, die jeder von uns in sich trägt, standzuhalten, kann und wird Gott durch uns wirken. Anderenfalls wird es früher oder später dazu kommen, dass wir benutzt werden!

Ich möchte jedoch noch etwas anmerken, das wir fast immer übersehen: Wir können nur von etwas versucht werden, wenn es in irgendeiner Form als gut erscheint, teilweise gut oder für eine bestimmte Gruppe gut oder vielleicht auch nur gut für uns allein. Versuchungen gehen immer von «guten» Dingen aus, ansonsten hätten sie wohl keinen Reiz: in unserem Fall sind es «Brot», «die Schrift» und die «Reiche in ihrer Herrlichkeit». Bei den meisten moralischen Entscheidungen, die wir Menschen tagtäglich treffen müssen, geht es nicht um absolut gut oder absolut böse. Vielmehr müssen wir uns zwischen unterschiedlichen Abstufungen von gut entscheiden, zwischen Dingen, die teilweise gut sind, fälschlicherweise aber für absolut gut gehalten werden (weil unser Selbst der zentrale Referenzpunkt ist), oder Dingen, die böse sind, sich aber als gut ausgeben. Genau deshalb geraten wir immer wieder in Schwierigkeiten.

Jesus erweist sich hier als Meister des spirituellen Urteilsvermögens, welches immer viel subtilere und spezifischere Entscheidungen fordert als das bloße Befolgen äußerer Gesetze. Beachten Sie, dass Jesus hier keine moralischen Gebote zitiert, sondern ausschließlich Weisheitstexte aus dem Deuteronomium.

Sofort trieb ihn der Geist hinaus in die Wüste. Vierzig Tage lang war er in der Wüste und wurde vom Satan versucht. Er war mit den wilden Tieren zusammen und die Engel dienten ihm.

Markus 1,12–13

Einladung zum Gebet

Gott, hilf mir, die «wilden Tiere» und die «Engel» in meinem Leben zu unterscheiden. Hilf mir zu erkennen, wie oft ich die beiden miteinander verwechsle.

5

Die wichtigsten «Gebote» werden oft übersehen

Levitikus 19,1–2.11–18; Matthäus 25,31–46

Wenn Sie die angegebenen Verse aus Levitikus 19 lesen, werden Sie feststellen, dass sie ein bisschen wie die uns seit unserer Kindheit bekannten Zehn Gebote in Exodus 20 klingeln – und doch bestehen auch große Unterschiede. Beide Kapitel sind äußerst wortreich, sodass die eigentlichen «zehn» Gebote gar nicht so leicht auszumachen sind. Man fragt sich, wie Gott es geschafft hat, alles auf zwei Steintafeln zu schreiben, die so klein waren, dass Mose sie den Berg hinuntertragen konnte. Vielleicht hatte er einen Esel oder einen Leiterwagen dabei. Wenn nicht, ist es kein Wunder, dass er die Tafeln am Ende zerbrochen hat!

Das heutige Evangelium aus Matthäus 25 handelt vom Weltgericht und scheint das perfekte Gegenstück zu den Zehn Geboten der Hebräischen Bibel zu sein. Die beiden Texte sind wie das erste und das letzte Kapitel eines Buches, die den Anfang und das Ende der großen jüdisch-christlichen Tradition offenbaren – oder die Aufgaben der ersten und der zweiten Lebenshälfte.

Levitikus beginnt mit den klaren Zielen und Grenzen, die Voraussetzung für das Zusammenleben einer durch moralische und religiöse Werte verbundenen Gesellschaft sind, und seine letzte, sogenannte «Goldene Regel» stellt die Verbindung zu Jesus her. Die Dinge, von denen Levitikus spricht, führen und entwickeln sich schließlich zum Jesus-Phänomen und dem, was wir ohne Weiteres die «Gebote» Jesu nennen können. Diese gehen jedoch weit über das bloße Einhalten von Grenzen hinaus. Vielmehr fordern sie uns dazu auf, jegliche Grenzen hinter uns zu lassen, um für jene Sorge zu tragen, die auf irgendeine Weise versagt haben oder nicht ins Bild passen wollen: die Außenseiter, Verbrecher, Verletzlichen und Schwachen. Offen gesagt ist das ein ziemlich großer Sprung, den viele Christen nie geschafft haben. Wir können uns ein Leben lang exakt an die Zehn Gebote halten und doch nie auch nur in die Nähe der Messlatte kommen, die Jesus für das Weltgericht angelegt hat. Das Versprechen ist aber längst schon in Levitikus 19,18 gegeben, schon dort ist der Samen gelegt: «Liebe deinen Nächsten wie dich selbst.»

Der letzte Sprung, den Jesus macht, ist noch viel erstaunlicher: Er stellt nicht nur meinen Nächsten und mich moralisch auf eine Stufe, sondern letztendlich meinen Nächsten und Gott! «Was immer ihr einem anderen, selbst dem geringstem unter den anderen tut, das tut ihr Gott», sagt er. Das ist fast zu viel, um es begreifen zu können, und es führt uns vor Augen, dass wir fast immer auf der Seite derer stehen, die den Kriterien des Weltgerichts nicht entsprechen.

Ihr müsst heilig (ganz) sein, weil ich, der Herr, euer Gott, heilig (ganz) bin. ... Begünstige nicht den Armen und ergreif nicht Partei für den Vornehmen. Mit Gerechtigkeit richte deinen Nächsten.

Levitikus 19,2.15

Ich sage euch: Was immer ihr einem dieser meiner geringsten Brüder getan habt, das habt ihr mir getan. ... Was immer ihr einem dieser Geringsten nicht getan habt, das habt ihr auch mir nicht getan.

Matthäus 25,40.45

Einladung zum Gebet

Liebender Gott, mach es möglich, dass ich zumindest ab und an zu den Schafen gehöre, und lass mich nie vergessen, dass ich die meiste Zeit meines Lebens auf der Seite der Böcke stehe.

Montag der ersten Fastenwoche

6

Ein sicheres Endergebnis

Jesaja 55,10–11; Matthäus 6,7–15

Ich möchte Ihnen nicht vorenthalten, dass die Verse 10 und 11 aus Jesaja 55 zu meinen liebsten Bibelzitaten gehören. Sie stammen aus dem kurzen, doch wunderbaren Schlusskapitel des Zweiten Jesaja (Jesaja 40–55), dem sogenannten «Trostbuch». Die Stelle ist poetisch, fesselnd, herausfordernd und Respekt einflößend zugleich. Texte wie diese sind der Grund, weshalb ich die Hebräische Bibel liebe und froh bin, dass Jesus Jude war. Sie sind die geistige Quelle, die ihn geschaffen hat!

Wir haben hier einen Text, der auf dem Höhepunkt des Babylonischen Exils verfasst wurde: Jerusalem ist gefallen und noch ist kein Ende in Sicht. Dennoch zeugen die Worte des Verfassers (manche sind der Meinung, dass es sich um eine Frau handelt!) von absoluter Gelassenheit, heiterer Gewissheit, ja sogar freudigem Vertrauen. (Machen Sie sich selbst ein Geschenk und schlagen Sie Ihre Bibel bei Jesaja 55,12–13 auf, um seine oder ihre letzten Ausrufe zu lesen, die in der angegeben Textstelle nicht enthalten sind.) Obwohl Jesaja selbst leidet, liebt sie/er Gott immer noch genug, um ihn «ruhmreich» und «unauslöschlich» machen zu wollen!

Im heutigen Evangelium finden wir Matthäus' Version des Vaterunsers, der er eine Warnung vorausschickt, beim Beten nicht zu viel zu «plappern» und zu viele Worte zu machen. Das Zitat endet mit dem Versprechen, dass zwischen der Vergebung, die wir anderen zuteil werden lassen, und der Vergebung, die wir selbst erfahren, eine absolut gerechte Ausgeglichenheit bestehe. Es liegt mir fern, die katholische Praxis infrage zu stellen, vor einem Priester zur Vergebung unserer Sünden die Beichte abzulegen. Doch wenn wir ehrlich sind, dann müssen wir zugeben, dass Jesus die grundlegende Voraussetzung für die Vergebung der Sünden ziemlich unmissverständlich klar gemacht hat: *Wenn du es tust, wird es auch dir zuteil. Wenn du es nicht tust, kann es dir nicht zuteil werden.*

Wie der «Regen und Schnee» bei Jesaja befinden wir uns immer und ewig innerhalb des göttlichen Kreislaufs. Vergebung ist keine Technik oder Formel, die die Kirche erfunden hat, sondern etwas, das uns beständig von Gottes Seite her zufließt. Diese Erkenntnis wiederum sollte auf unserer Seite zur ruhigen und freudigen Gewissheit werden. Die Gnade, die wir empfangen, wird zur Gnade, die wir weitergeben, und sie «wird nicht leer zu mir zurückkommen, ohne ausgeführt zu haben, wozu ich sie sandte».

Denn wie Regen und Schnee vom Himmel fallen und dorthin nicht zurückkehren, ohne die Erde zu tränken, befruchten und sie sprossen lassen, sodass sie Samen den Säenden und Brot den Essenden gibt, ... so kommt das Wort nicht leer zu mir zurück, ohne vollbracht zu haben, was ich wollte, ohne ausgeführt zu haben, wozu ich es sandte.»

Jesaja 55,10–12

Vergib uns unsere Schuld, wie auch wir unsern Schuldnern vergeben haben. ... Wenn ihr nämlich den Menschen ihre Verfehlungen vergebt, wird euer himmlischer Vater auch euch vergeben. Wenn ihr aber den Menschen nicht vergebt, dann wir euer Vater auch euere Verfehlungen nicht vergeben.

Matthäus 6,12.14–15

Einladung zum Gebet

Guter Gott, halte mich für immer in deinem überreichen und großzügigen Kreislauf der Gnade, die zu mir, durch mich, in mir und aus mir fließt.

7

Kein anderes Zeichen als das Zeichen des Jona

Jona 3,1–10; Lukas 11,29–32

Es wird kein anderes Zeichen gegeben werden als das Zeichen des Jona»: Wenn man bedenkt, dass Katholiken Wunder und Erscheinungen lieben, Protestanten den Glauben zu einer Art Technik oder Formel gemacht haben und Evangelikale die Bibel gern als absolute Autorität betrachten, hört sich dieser aussagekräftige Satz Jesu ziemlich erstaunlich an. Anscheinend hat ihm kaum jemand Beachtung geschenkt. Und dabei geht Jesus sogar so weit zu sagen, es sei ein «böses Geschlecht», das mehr fordert als das einfache Zeichen des Jona. Er sagt, es sei das «einzige Zeichen», das er geben werde.

Das ist tatsächlich unbefriedigend. Denn eigentlich ist es überhaupt kein Zeichen, sondern eher ein Anti-Zeichen. Es bedeutet, dass wir uns zuerst in den Bauch der Dunkelheit begeben müssen, bevor wir erkennen können, was wirklich wichtig ist. Wenn wir uns auf die spirituelle Reise begeben wollen, müssen wir also eher die Kontrolle aufgeben anstatt sie zu übernehmen. Vielleicht bedeutet es sogar, dass wir uns oft von anderen über Bord werfen lassen müssen und dass wir nicht durch unser eigenes Zutun, sondern allein durch Gottes Gnade ans richtige Ufer gelangen können. Das ist nun wirklich ein sehr beunruhigendes und unbefriedigendes Zeichen. Und mehr sollen wir nicht bekommen?

Der Glaube ist eben kein Ding, dessen Richtigkeit wir beweisen könnten oder das sich benutzen lässt, um irgendwohin zu gelangen. Wenn wir etwas haben wollen, an das wir glauben können (und das brauchen wir alle als Ausgangspunkt!), suchen wir uns am besten eine absolute Autorität, die uns einen klaren Standpunkt, eine eindeutige Identität und unmissverständliche Grenzen vorgibt. Doch das ist noch lange kein Glaube! Es ist nicht mehr als ein sicheres Fundament für unser persönliches Sprungbrett.

Der Glaube ist der Sprung ins Wasser, den wir nunmehr mit der gelebten Erfahrung tun können, *dass da Einer ist, der uns auffangen kann und wird* – und uns dorthin führt, wohin wir gehen sollen! In gewisser Hinsicht ist *Religion* ein Phänomen der ersten Lebenshälfte. Wahrer *Glaube* ist viel eher in der zweiten Hälfte des Lebens möglich, die nicht unbedingt von unserem chronologischen Alter abhängt, in jedem Fall aber vom Grad unserer spirituellen Reife. Wie der dänische Philosoph *Søren Kierkegaard* einmal sagte, «muss das Leben in der Schau nach vorwärts gelebt werden, kann aber nur in der Schau nach rückwärts verstanden werden». Erst nachdem Jona wieder aus dem Bauch des Fischs hervorgekommen war, erkannte er, was Gott getan hatte. Erst dann konnte er Gottes Handlungsweise verstehen und sehen, wie richtig diese war. Vor der Reise, der Dunkelheit und dem Ausgespucktwerden am richtigen Strand – allesamt Dinge, gegen die er sich nach Kräften gewehrt hatte – gab es für Jona überhaupt keine Botschaft, die er hätte überbringen können. Jona kann tatsächlich als das jüdisch-christliche Symbol der Transformation betrachtet werden. Zweifelsohne war die Geschichte Jonas für Jesus inspirierend, da sie fast eins zu eins widerspiegelt, was ihm selbst widerfuhr.

Das Wort des Herrn erging an Jona zum zweiten Mal: Steh auf und geh nach Ninive, und predige ihr, wie ich dir auftragen werde.

Jona 3,1–2

Dieses Geschlecht ist ein böses Geschlecht; es fordert ein Zeichen, aber es wird ihm kein Zeichen gegeben werden als das Zeichen des Jona.

Lukas 11,29

Einladung zum Gebet

Gott der überraschenden Reisen, hilf mir, mein Leben in der Schau nach vorwärts zu leben, im Vertrauen darauf, dass du mein Schiff lenkst. Hilf mir, mein Leben in der Schau nach rückwärts zu verstehen, indem ich die vielen «Zeichen des Jona» sehe und vergebe.

8

Das Leben in die eigene Hand nehmen

Ester 4,17k.17l–m.17r–t; Matthäus 7,7–12

Auch wenn Königin Esters Nationalismus, ihr Gebet um Hass und ihr Verlangen nach Rache uns heutzutage gewaltige Probleme bereiten würden, gibt es einen guten Grund, warum wir während der Fastenzeit aus ihrem langen Gebet lesen (das nur die griechische Fassung des Esterbuches enthält). Es ist ein wunderbares Beispiel dafür, wie sich der Bibeltext nach vorn, hin zur schrittweisen Entdeckung Gottes, bewegt, gleichzeitig aber auch einen Schritt rückwärts macht zu einer egozentrischen, eigennützigen Benutzung Gottes. Immer wieder können wir dieses Phänomen in ein und demselben Text beobachten.

Im Evangelium macht Jesus deutlich, dass unsere Bitten an Gott zwar in erster Linie immer etwas über Gott aussagen (Gott ist vertrauenswürdig, Gott hört uns zu, Gott sorgt für uns), zur gleichen Zeit aber auch über unseren momentanen Zustand und über uns selbst. Wie ist es möglich, beides zu hören?

Wussten Sie, dass wir nur um Dinge bitten, die wir in irgendeiner Weise schon «gekostet» oder erfahren haben?

Andernfalls würde es uns überhaupt nicht in den Sinn kommen, um sie zu bitten. Zudem scheint Gott in uns das Bedürfnis zu wecken, dass wir darum bitten, was er uns ohnehin schon geben möchte, und besser noch: Gott hat schon angefangen, es uns zu geben! Wir machen immer nur den zweiten Schritt bei der Bewegung, der erste Impuls kommt immer und ewig von Gott. Die Tatsache, dass wir überhaupt angefangen haben zu beten, bedeutet, dass Gott vor einer Sekunde angefangen hat, uns zu gewähren. Ist es nicht wunderbar, das zu wissen? Jesus weist außerdem darauf hin, dass ja selbst wir, «die wir böse sind», anderen ihre Bitten gewähren – um wie viel mehr wird Gott es dann tun.

Jesus meint damit, dass Gott uns immer mehr liebt als es der liebevollste Mensch der Welt je tun könnte. Beten bedeutet nicht, dass wir etwas sagen und Gott darauf antwortet. Vielmehr ist unser Gebet schon Gottes Antwort, die er in uns und durch uns gibt.

Das Problem bei Ester ist allerdings, dass sie – wie so viele – den ersten Schritt selbst gemacht hat (ein Spiegel ihrer eigenen begrenzten Beweggründe), obwohl wahres Beten immer etwas ist, das *auf einen Impuls folgt*. Und dieser Impuls kommt immer von Gott. Lesen Sie nun die alte Schrift mit neuen Augen, in dem Wissen, dass Sie in Zukunft um Dinge beten werden, die Gott Ihnen schon jetzt geben möchte. Er ist es, der das Bedürfnis danach in Ihnen gesät hat, und deshalb wird immer geschehen, worum Sie bitten (wenn auch oft auf andere Weise, als wir es uns vorgestellt haben!). Doch das ist unser letzter und tiefster Akt des Vertrauens in einen Gott, der uns immer nur «Gutes» gibt.

Bittet und es wird euch gegeben; sucht und ihr werdet finden, klopft an und euch wird aufgetan. … Wenn nun ihr, die ihr böse seid, euren Kindern gute Gaben zu geben wisst, wie viel mehr wird euer Vater im Himmel denen Gutes geben, die ihn bitten.

Matthäus 7,7.11

Alles, was ihr wollt, dass euch die Leute tun, das sollt auch ihr ihnen tun! Denn darin besteht das Gesetz und die Propheten.

Matthäus 7,12

Einladung zum Gebet

Gott, wenn du von uns verlangst, andere so zu behandeln, wie wir von ihnen behandelt werden möchten, dann hilf mir zu glauben, dass es sich mit dir genauso verhält. Handle an mir nach dem, was ich zuinnerst bin.

9

Belohnung und Strafe stecken schon in der Tat

Ezechiel 18,21–28; Matthäus 5,20–26

Oft tun Christen das aus den östlichen Religionen stammende Konzept des *karma* als heidnisch, fatalistisch und nicht-biblisch ab. Im Grunde sagen wir jedoch genau das Gleiche, wir drücken es nur anders aus. Sowohl der Abschnitt aus Ezechiel als auch der aus Matthäus sind gute Beispiele dafür. Das nahezu universale Konzept des *karma* besagt schlicht, «dass wir ernten, was wir säen». Nichts in der Welt des Geistes verflüchtigt sich einfach, sondern reift früher oder später zu seiner eigenen guten oder zerstörerischen Frucht heran. Wenn wir nur lange genug warten, werden wir sehen, dass es immer zutrifft.

Sechs Jahrhunderte vor Christus macht der Prophet Ezechiel einen Vorstoß im jüdischen Denken, der genau in diese Richtung zielt: Er überführt die vorherrschende Vorstellung von Belohnung und Strafe auf die Ebene der Gegenwart und des Einzelnen. Bis dahin war das Bewusstsein der Menschen weitgehend auf kollektive Rache oder Sieg ausgerichtet. Der Einzelne zählte nicht sonderlich viel. Ezechiel macht also einen großen Schritt vorwärts im Verständnis der Menschheit darüber, welche Bedeutung die Seele des Einzelnen im Hier und Jetzt hat. Er sagt ganz klar und deutlich, dass das Leben eines jeden zählt und es unsere persönlichen Entscheidungen sind, die uns ausmachen. Wir sind alle wertvoll. Jeder Einzelne, hier und jetzt! Das verleiht unserer Lebensreise die nötige Bedeutung, Würde und Dringlichkeit.

Jesus, der sicherlich mit den Schriften Ezechiels vertraut war, legt seinen Zeitgenossen die gleiche Auffassung von inhärenter Belohnung und Strafe dar. Er geht jedoch noch einen Schritt weiter und lokalisiert die Wurzel des Problems *innerhalb* der menschlichen Person! Das menschliche Bewusstsein ist nun dafür gerüstet, von ihm über das rein äußerliche Einhalten von Richtig und Falsch hinausgeführt zu werden und stattdessen innere Haltungen, Motivationen, Urteile und Meinungen zu überprüfen. Wenn diese jetzt und hier falsch oder negativ sind, sind wir schon in «Gehenna» (die immer brennende Müllgrube vor dem Jerusalemer Aschenhaufentor). Wenn aber «unsere Gerechtigkeit größer ist als die der Schriftgelehrten und Pharisäer», werden wir «ins Himmelreich kommen» – jetzt wie auch später. Aussagen wie diese dürfen wir weder als Drohung noch Verheißung einer Belohnung betrachten, sondern als eine Einladung zum menschlichen Bewusstsein und zur Würde des freien Willens.

Wenn der Gottlose von allen Sünden, die er getan hat, umkehrt, alle meine Satzungen hält und Recht und Gerechtigkeit übt, so soll er am Leben bleiben und nicht sterben. Keine der Untaten, die er begangen hat, wird ihm vorgeworfen werden.

Ezechiel 18,21

Ihr habt gehört, dass zu den Alten gesagt worden ist: Du sollst nicht töten. Wer aber tötet, soll dem Gericht verfallen sein. Ich aber sage euch: Jeder, der seinem Bruder oder seiner Schwester zürnt, soll dem Gericht verfallen sein. … Und jeder, der sie oder ihn verachtet, riskiert die Feuer von Gehenna.

Matthäus 5,21–22

Einladung zum Gebet

Gott, mein Schöpfer, kann es wirklich wahr sein, dass du mir meine menschliche Würde und Bedeutung verleihst, indem du so viel von mir verlangst? Hast du so großen Respekt vor mir, dass du hoffst, ich könne tatsächlich sein wie du?

10

Ein kräftiger Schubs nach oben

Deuteronomium 26,16–19; Matthäus 5,43–48

Wenn wir Menschen auf die Welt kommen, sind wir ziemlich egozentrisch. Zumindest am Anfang sind wir selbst der einzige Bezugspunkt, den wir haben. «Alles dreht sich nur um mich, warum sollte es auch anders sein?» Doch wenn unsere Eltern uns als gute Spiegel dienen, fangen wir bald an, «Spiegelneuronen» für Mitgefühl und zwischenmenschliche Beziehungen zu entwickeln. Trotzdem kann es passieren, dass wir andere Menschen weiterhin als bloße Mittel zur Befriedigung unserer Herrschsucht oder Lust betrachten. Oder wir sind noch immer der Ansicht, dass uns alles zusteht und bleiben einer sogenannten Anspruchshaltung verhaftet. Jeder von uns kennt Erwachsene, die anscheinend nie darüber hinausgekommen sind, andere Menschen oder selbst Gott nur zu benutzen. Sie scheinen in ihrer spirituellen und moralischen Entwicklung stehengeblieben zu sein. Offensichtlich sind sie nicht in der Lage, Gott als wahren Spiegel zu erkennen, noch können sie selbst als liebender Spiegel für andere dienen. Sie sind in sich selbst gefangen.

Beide oben genannten Bibeltextstellen betonen die große Bedeutung von Geboten, die von uns verlangen, unsere gewohnten und angenehmen Pfade zu verlassen. Mose räumt ein, dass das Einhalten dieser Gebote Gottes «Eigentums-volk» hervorbringen wird, ein Volk, das «über alle Völker erhaben» und «heilig» ist. Ohne ein gewisses Maß an so-zialem oder elterlichem Druck, der das Kind dazu bringt, die bequemen und lustvollen Pfade zu verlassen, neigen wir Menschen dazu, wenn immer möglich den Weg des geringsten Widerstandes zu gehen. Wir brauchen jeman-den, der uns anschubst, uns anstachelt und uns als Ideal dient, damit wir lernen, außerhalb unserer selbst geschaf-fenen Grenzen zu denken. Genau das ist die Funktion von Gesetzen und Geboten. Nur wenn ein Mensch eine gewisse Reife erlangt hat, können Liebe und Gnade die Funktion des Antriebs übernehmen – und überhaupt erst verstanden werden.

Jesus nimmt diese Impulskontrolle zur Grundlage, um die schwierigste aller Haltungen zu befehlen – ja, zu befeh-len: Liebt eure Feinde! Betet für eure Verfolger! Er betont, dass es nicht möglich ist, dieses Gebot allein aus unserer menschlichen Motivation heraus zu befolgen oder mit der Philosophie, nett zu allen zu sein, die nett zu mir sind. Das kann jeder, sagt er. Jesus weiß, dass er die Messlatte um ei-niges höher anlegt, und wir brauchen jemanden, der uns anschubst, um dorthin zu gelangen: Wir sollen so lieben, wie Gott uns liebt – absolut bedingungslos. Dies ist der Höhepunkt und das Ziel der moralischen Lehre Jesu, und wir können diese nicht anders leben als in Einheit mit Gott. Unser egozentrisches oder abgetrenntes Selbst ist zu einer solchen Art von Liebe nicht in der Lage.

Der Herr, dein Gott, gebietet dir am heutigen Tag, diese Gesetze und Rechtssatzungen einzuhalten. Befolge sie gewissenhaft aus ganzem Herzen und ganzer Seele! Der Herr hat dir heute erklärt, dass er dein Gott ist, wenn du auf seinen Wegen gehst, seine Gesetze, Gebote und Rechtssatzungen befolgst und auf seine Stimme hörst. Vor dem Herrn hast du heute erklärt, dass du sein Eigentumsvolk sein willst und alle seine Gebote beachten willst, so wie er es verkündete.

Deuteronomium 26,16–18

Liebt euere Feinde und betet für die, die euch verfolgen, damit ihr Söhne eueres Vaters im Himmel werdet; denn er lässt seine Sonne aufgehen über Böse und Gute und er lässt regnen über Gerechte und Ungerechte. ... Seid also vollkommen, wie euer himmlischer Vater vollkommen ist.

Matthäus 5,44–48

Einladung zum Gebet

Gott, ich möchte ehrlich zu dir sein. Ich bin mir nicht sicher, ob ich weiß, wie ich das tun soll. Ich weiß nicht, ob ich tatsächlich zu deinem «Eigentumsvolk» gehören möchte.

Zweiter Fastensonntag

Das dritte Etwas

Lukas 9,28–36

In allen drei Lesejahren berichtet das Evangelium am zweiten Sonntag der Fastenzeit von der Verklärung Jesu. Deshalb werden auch wir heute versuchen, darüber zu sprechen – obwohl es völlig vergebens sein wird. Denn sie gehört zu jenen Passagen, über die es sich nicht «sprechen» lässt – wie Jesus selbst es gebietet, als er und die drei Jünger von ihrer Erfahrung auf dem Berg zurückkehren.

Der Bericht über die Verklärung ist eine archetypische und mystische Erzählung, deren Details passend gewählt sind: Gewöhnliche Leute werden «auf einen Berg geführt, sie allein», schläfrige Männer, die erweckt werden sollen. Die Bühne ist bereitet für eine Begegnung, für die Erfahrung göttlicher Nähe. Die «Erscheinung» beinhaltet die beiden symbolischen Gestalten des Judentums, die für das Gesetz und die Propheten – oder die beiden Hälften des Lebens – stehen: Mose und Elija. Schließlich sehen die Jünger Jesus zwischen den beiden, umgeben von einem «strahlenden Weiß», das gewissermaßen alles, sämtliche Farben, in sich vereint.

Als der versöhnende Dritte, Jesus, erscheint, verschwinden die anderen beiden. Jesus vereint und überwindet jeg-

lichen Dualismus. Nach dieser überwältigenden und tröst-
lichen Erscheinung ist die Rede von einer «Wolke, die alles
überschattete». Es scheint vollkommen hell zu sein, und
doch ist da immer noch Dunkelheit. Wir wissen und wissen doch nicht. Wir verstehen, und verstehen doch nicht
alles. Ist nicht eben das der Charakter des wahren Geheimnisses und jeder tiefgreifenden Begegnung?

Mündliche Botschaften gibt es nur zwei: «Dies ist mein
auserwählter Sohn» und «Sprecht nicht darüber». Petrus,
Jakobus und Johannes erfuhren in großer Klarheit, dass
Jesus Gottes «geliebter Sohn» ist, aber sie erfuhren auch,
dass sie selbst Gottes geliebte Kinder sind – von dem sie für
diesen Moment auf dem Berg ausgewählt wurden. Petrus
reagiert, wie jeder von uns es tun würde: «Es ist gut, dass
wir hier sind.» Und doch werden die Jünger gleichzeitig von
«Angst» oder «Ehrfurcht» ergriffen. Petrus, Jakobus und Johannes erleben hier genau das, was der evangelische Theo-
loge Rudolf Otto als *«mysterium fascinans et tremendum»* bezeichnet hat: Sie sind absolut fasziniert und verzückt, doch
gleichzeitig überwältigt von der Erkenntnis ihrer eigenen
Kleinheit und Unzulänglichkeit. Jeder, der solch einen Moment schon einmal erlebt hat, kennt dieses Gefühl: Ich bin
von unglaublicher Bedeutung und doch nur ein winziger
Punkt im Universum.

Eine solche Erfahrung muss einem nur ein Mal zuteil
werden, so wie im Fall von Petrus, Jakobus und Johannes. Das ist genug. Von nun an wird sich alles ändern. Jeder Mensch kann diese Erfahrung machen, und ich bin
überzeugt davon, dass sich früher oder später auch jedem
von uns die Gelegenheit dazu bietet. Man kann den Zeit-

Zweiter Sonntag der Fastenzeit

punkt nicht vorherbestimmen, doch man kann darum bitten und sollte darauf gefasst sein, dass es irgendwann «auf dem Berg» geschieht. Wir werden nie darüber sprechen können, doch müssen wir das auch nicht. Der beste (und einzige) Beweis ist unser eigenes leuchtendes Leben, das von nun an «unten im Tal» völlig anders sein wird.

Petrus aber und seine Gefährten waren vom Schlaf überwältigt. Als sie erwachten, sahen sie einen Lichterglanz und die zwei Männer, die bei ihnen standen. Als sie von ihm scheiden wollten, sagte Petrus zu Jesus: Meister, es ist gut, dass wir hier sind. Wir wollen drei Hütten bauen, dir eine, Mose eine und Elija eine. Er wusste aber nicht, was er sagte. Während er noch redete, kam eine Wolke und überschattete sie.

Lukas 9,32–34

Einladung zum Gebet

Jesus, geht es bei solchen Erfahrungen nur um dich oder auch um mich? Möchtest du, dass ich eine höhere Meinung von dir bekomme oder durch dich eine höhere Meinung von mir selbst? Warum nimmst du uns überhaupt mit auf diesen Weg?

11

Gutes Spiegeln und schlechtes Spiegeln

Daniel 9,4–10; Lukas 6,36–38

Es scheint, als ob wir Menschen uns nur durch den Blick anderer kennenlernen könnten. Wir nennen das spiegeln. Eine gute Mutter oder ein guter Vater, wie Gott es ist, segnet das Kind normalerweise durch ein offenes und bestätigendes Gesicht. Es ist der ewige Segen, den die Kinder Israels empfangen: «Der HERR lasse sein Angesicht über dich leuchten und sei dir gnädig! Der HERR erhebe sein Angesicht hin zu dir und schaffe dir Heil!» (Numeri 6,25–26). Anders als Gott geben schlechte Eltern die eigene Selbstablehnung an ihre Kinder weiter.

In der Bibelstelle aus Daniel begegnen wir jemandem, der überhaupt nicht gut gespiegelt wird. Das gesamte Gebet scheint auf Schuldgefühlen, Angst, Selbsthass und Selbstablehnung gegründet zu sein. Zweimal sagt Daniel, wir seien «von Schande gezeichnet», und er richtet seine traurigen Augen auf «das ganze Volk des Landes», das seine scheinbare Unwürdigkeit nun mit ihm teilt.

Doch glücklicherweise gibt es noch das Evangelium! Hier wird ein absolut positives Spiegeln beschrieben: Sei offen für Gottes Mitgefühl, dann wirst auch du in der Lage sein, Mitgefühl zu empfinden. Ziehe kein negatives Urteil von Gott auf dich, dann wirst auch du nicht über andere richten. Verurteile nicht und du wirst nicht verurteilt werden. Gib und dir wird gegeben werden. Jesus beschreibt eine vollkommen ausgewogene Wechselwirkung zwischen dem, was wir empfangen oder nicht empfangen, und dem, wie wir geben oder nicht geben. Es hängt alles von unserem Verweilen in der «wundersamen Schleife» ab. Sobald wir erkannt haben, dass wir im Innern einer dreifaltigen Liebe sind, werden wir uns mit einer unendlichen Quelle verbunden fühlen. Dann werden wir nicht mehr wissen, wer der Gebende und wer der Empfangende ist, alles ist Zufließen und Ausströmen. Du bist es und doch ist es Gott. Passend dazu beendet Jesus das Evangelium mit einem wundervollen Bild überfließenden Reichtums.

Ein gutes, zusammengedrücktes, gerütteltes, überfließendes Maß wird man euch in den Schoß geben; denn mit dem Maße, womit ihr messt, wird auch euch gemessen werden.

Lukas 6,38

Einladung zum Gebet

Guter Gott, spiegle mich wie ein Magnet. Lass nicht zu, dass ich von falschen, unglücklichen oder anklagenden Gesichtern angezogen werde. Du bist immer und ewig der gute Vater, die gute Mutter, und ich sehne mich danach, dein Angesicht zu schauen (Psalm 42,3).

12

Um des Wandels, nicht der Strafe willen

Jesaja 1,10.16–20; Matthäus 23,1–12

Die beiden für heute vorgesehenen Bibelstellen sind nicht gerade einfach. Die erste stammt aus der eröffnenden Prophezeiung Jesajas, in der er die religiöse Elite in Jerusalem «Sodom und Gomorra» nennt und sie dazu aufruft, nach sozialer Gerechtigkeit anstelle ihrer eigenen Vorteile zu streben. Jesaja geht es jedoch nicht nur darum, sie zu verdammen, er möchte sie vielmehr zu einer neuen Einstellung bewegen: «Wohlan, wir wollen miteinander rechten! Sind eure Sünden auch wie Scharlach (und das sind sie!), sie sollen weiß werden wie Schnee», sagt Jhwh. Wie tröstend und einladend ist Gott doch, nachdem er eben noch solch harte Worte gesprochen hat!

Im Matthäusevangelium begegnet uns dasselbe Muster. Hier handelt es sich um die Schmährede Jesu gegen die religiöse Führerschaft seiner Zeit. Wir könnten heute wohl kaum treffendere Worte finden, um Jesu Wut gegenüber spirituellen und religiösen Autoritäten auszudrücken, die heuchlerisch und eigennützig handeln. Er wird regelrecht boshaft und spottet über ihre religiöse Modenschau und ihren Unwillen, «einen Finger zu krümmen», um die Last zu bewegen, die sie den Menschen auf die Schultern laden. Jesus scheint gegen jegliche Titel zu sein, die ihre Träger glauben machen, sie seien wertvoller oder besser als andere – allesamt Lektionen, die wir auch heute noch lernen sollten. Ich schätze, manche Dinge ändern sich einfach nie! Trotz allem ruft Jesus seine Zuhörer am Ende zur «Demut» auf und verspricht ihnen, dass Gott sich um das «Erhöhen» kümmern wird. Keiner von ihnen braucht sich um Aufstieg, Selbstvermarktung oder Weiterkommen Sorgen zu machen.

Trachtet nach Gerechtigkeit! Helft dem Bedrückten, schafft Recht den Waisen, und seid ein Anwalt der Witwen! … Sind eure Sünden auch rot wie Purpur, sie sollen weiß werden wie Wolle, und ihr sollt die Güter des Landes genießen.

Jesaja 1,17–19

Sie reden zwar, handeln aber nicht danach. Sie binden schwere Lasten zusammen und binden sie den Menschen auf die Schultern, selbst wollen sie aber keinen Finger krümmen, um sie zu bewegen. … Ihr alle seid Schüler [«Brüder»]. … Der Größte unter euch soll euer Diener sein.

Matthäus 23,3–4.8.11

Einladung zum Gebet

Demütiger Gott, lass mich sein wie du. Du zwingst mir nichts auf, sondern wartest geduldig darauf, dass ich mich ändere. Schenke mir auf meinem Weg dieselbe Geduld mit meinen Brüdern und Schwestern.

13

Der häufigste Ersatz für das berechtigte Leiden des Selbst ist das ungerechtfertigte Leiden von anderen

Jeremia 18,18–20; Matthäus 20,17–28

Wenn es ein Thema gibt, das in der Mythologie, in der Literatur und im Theater immer wieder auftaucht, dann ist es dieses: Menschen, die sich weigern, sich selbst zu ändern (denn dafür müssten sie sich der erniedrigenden Erfahrung der Selbsterkenntnis stellen), machen immer den zerstörerischen Versuch, die Welt, die anderen oder sogar Gott zu ändern. Das ist das alte Thema der *Hybris* («Selbstüberhebung») im griechischen Theater und scheint das Herzstück einer jeden Tragödie zu sein.

In ihrer dramatischsten Form schreckt die Hybris nicht vor dem Tod anderer zurück und führt so zu Mord, Katastrophen oder Krieg. Alles, nur nicht sich selbst verändern! Der Schweizer Psychiater *C. G. Jung* sagt, dass wir, indem wir das «berechtigte Leiden» des Menschseins vermeiden, nicht nur unendliches Leid über andere bringen, sondern am Ende auch über uns selbst. Nach meiner Erfahrung entspricht das voll und ganz der Wahrheit.

In beiden der für heute vorgesehenen Bibelstellen können wir dieses Muster erkennen. Im ersten Abschnitt aus dem Buch Jeremia lesen wir, wie «die Männer Judas und die Bewohner Jerusalems» einen Mordanschlag auf den Propheten planen. Durch seine Reden über die Wahrheit hat er ihre Korruptheit aufgedeckt, und deshalb muss er verschwinden. Die angegebene Textstelle legt nahe, dass Jeremia versöhnlich gestimmt ist, doch wenn wir das ganze Gebet lesen, sehen wir, dass er am Ende selbst in ihren Teufelskreis aus Rache und Tod hineingezogen wird.

Im Evangelium fordert Jesus seinen inneren Kreis dazu auf, ihm auf dem Weg des erlösenden Leidens zu folgen, anstatt den Weg der erlösenden Gewalt zu gehen (der in der Weltgeschichte fast immer der anerkannte Weg ist). Aller Wahrscheinlichkeit, Erwartung und Planbarkeit zum Trotz besteht er darauf, dass wir den vorausgreifenden und positiven Schritt, «den Kelch zu trinken», selbst machen müssen, anstatt ständig andere dazu aufzufordern, es zu tun.

Beachten Sie, dass zwei der Apostel ihre Mutter zu Jesus schicken, die darum bittet, dass ihre Söhne *nicht sterben* sollen. Stattdessen wollen sie «inthronisiert» werden. Die anderen zehn Apostel sind eifersüchtig, denn sie wollen, dass dasselbe mit ihnen geschieht. Die Szene erinnert an einen albernen Cartoon, und ich fürchte, sie spiegelt ziemlich genau wider, wie sich der Großteil der Kirche mitsamt ihrer Führer entwickelt hat. Ich möchte nicht unfair sein, aber schauen wir uns unsere Geschichte – die der Kirche und die der Politik – doch an: Noch immer wollen wir lieber die anderen ändern als uns selbst.

Meinen Kelch werdet ihr trinken. ... Ihr wisst, dass die Herrscher ihre Völker unterjochen und die Großen Gewalt an ihnen verüben. Bei euch soll es nicht so sein, sondern wer unter euch der Größte sein will, soll euer Diener sein, und wer unter euch der Erste sein will, soll euer Knecht sein.

Matthäus 20,23.25–27

Einladung zum Gebet

Gott, ich will es ganz sicher nicht hören, doch zeige mir, in welcher Hinsicht dies auf mein Leben zutrifft: «Töte» auch ich andere als Ersatz für die notwendigen Tode in mir selbst?

14

Wenn du es jetzt nicht begreifst, wirst du es später auch nicht tun

Jeremia 17,5–10; Lukas 16,19–31

Zugegebenermaßen fällt es mir schwer, eine klare Verbindung zwischen den zwei für heute vorgesehenen Bibelstellen zu finden, und die erste von beiden mag ich noch nicht einmal besonders. (Vielleicht nimmt ihnen das die Skrupel zu sagen, wenn Sie manche Stellen der Bibel nicht mögen. Ehrlich gesagt halte ich vieles, was darin steht, für rückschrittlich und kleingeistig.) Der Unterschied zwischen dem Vertrauen in andere Menschen und dem Vertrauen in Gott wird in der angegebenen Stelle aus Jeremia viel zu dualistisch dargestellt. Ich bin der Meinung, dass wir in beide – Menschen wie Gott – auf weitgehend gleiche Weise vertrauen. *Wie man eine Sache tut, so tut man alles andere auch.*

Doch lassen Sie uns die faszinierende Stelle aus dem Evangelium näher betrachten. Die Geschichte entstammt ganz offensichtlich dem hebräischen Volkstum und ist nur bei Lukas zu finden. Sie weist sämtliche Merkmale des traditionellen Geschichtenerzählens auf: Wir haben einen namenlosen Reichen und einen Armen. Dieser trägt den beliebten Namen Lazarus, und Hunde lecken seine Wunden. «Der Schoß Abrahams» steht für den Himmel und die heidnische «Unterwelt» für die Hölle. Und schließlich haben wir noch Abraham, der seine Antworten «über die große Kluft, die niemand überqueren kann», hinüberruft.

Die Geschichte ist ein typisches Beispiel für das Thema der «Verkehrung», das sowohl in der Weltliteratur als auch in der Bibel häufig begegnet. Die Hauptsünde des Reichen scheint es zu sein, dass er das Problem oder den anderen Mann noch nicht einmal wahrnimmt. Er hat weder Augen noch ein Bewusstsein für das Leid der Welt, während er «alle Tage herrlich und in Freuden» lebt.

Und Abrahams Antwort für ihn lautet: «Wenn du es auf jener Seite der Kluft zwischen Leben und Tod nicht kapierst, warum solltest du es dann auf dieser Seite tun?» Hier wird deutlich, dass es eine Kontinuität zwischen dieser und der nächsten Welt gibt. Oder, wie manche unserer Heiligen zu sagen pflegen: «Niemand wird in der Ewigkeit überrascht werden!» Durch die Art, wie wir leben, drücken wir aus, was wir uns wünschen oder ersehnen, und genau das werden wir auch bekommen. Liebe ist immer eine Qual für den Hassenden, der Liebende aber muss niemals fürchten, sich in der «Unterwelt» wiederzufinden.

Wenn einer von den Toten zu ihnen kommt, werden sie umkehren. Doch Abraham sagte zu ihm: Wenn sie auf Mose und die Propheten nicht hören, werden sie sich auch nicht überzeugen lassen, wenn einer von den Toten aufersteht.

Lukas 16,30–31

Einladung zum Gebet

Gott des Lebens und des Todes, hilf mir, mich jetzt für das Leben zu entscheiden. Hilf mir, die Liebe jetzt zu erkennen. Hilf mir, die Armen dieser Welt zu sehen, die sich danach sehnen, die Krümel zu essen, die von unseren Tischen fallen.

15

*Fürchte dich nicht
zu sehr davor, in die Grube
geworfen zu werden!*

Genesis 37,3–4.12–13.17–28; Matthäus 21,33–43.45–46

Ich weiß, dass Niederlage und Erniedrigung nicht besonders gut zu unserer westlichen Lebensweise passen, doch ist es genau die Art zu leben, wie sie in der Bibel beschrieben wird. Das Muster ist ziemlich klar: Man kann nicht nach oben steigen, bevor man nicht nach unten gefallen ist. Um dieses zentrale Thema, das sich durch die gesamte Bibel zieht, überhaupt übersehen zu können, muss unsere kulturbedingte Vorliebe entweder sehr stark ausgeprägt sein oder wir sind schlichtweg blind. Es gibt so viele Beispiele, dass es kaum möglich ist, sie alle zu zählen. Der Höhepunkt ist natürlich die Kreuzigung und Auferstehung Jesu.

In der ersten Bibelstelle nimmt die wunderbare Geschichte Josefs ihren Anfang. Aus klassischer Rivalität und Eifersucht unter Geschwistern werfen ihn seine Brüder in eine Zisterne und verkaufen ihn dann an Sklavenhändler, um nicht die Schuld eines Mordes auf sich laden zu müssen. Wie so oft wird eine «frei erfundene Andersartigkeit» benutzt, um das Verbrechen zu rechtfertigen: Sie stempeln

60   Freitag der zweiten Fastenwoche

ihn als «Meister der Träume» ab. Die Brüder haben nicht die geringste Ahnung, dass es genau diese Träume sind, die ihnen eines Tages zur Rettung gereichen werden.

Das Evangelium erzählt das etwas konstruiert anmutende Gleichnis von den bösen Winzern. Es ist eine Beispielgeschichte für einen durch und durch «ablehnenden Geist», wie ich es nennen würde. Die Winzer können einfach gar nicht anders als allem feindlich und ablehnend gegenüberstehen: Sie «schlagen, steinigen und töten» jeden, und im letzten Vers scheint es so, als würde Jesus dieses Gleichnis direkt auf die religiöse Führerschaft beziehen. Energie rein aus einem Gegensatz heraus weiß nie, wofür sie sich einsetzt, sie weiß lediglich, wogegen sie sich richtet. Sie ist eine Art trauriger Ersatz für Vision, doch können negative Menschen nicht ohne sie leben.

Dieser «ablehnende Geist» ist es, der Jesus letztendlich tötet, so das am Ende eingeschobene Zitat aus Psalm 118. Ich werde es hier ganz zitieren, da es für Jesus von größter Bedeutung zu sein scheint. Sie werden sehen, dass es gleichsam auch auf Josef in der Hebräischen Schrift zutrifft.

Habt ihr nie in den Schriften gelesen: Der Stein, den die Bauleute verworfen haben, er ist zum Eckstein geworden; durch den Herrn ist das geschehen und es ist ein Wunder in unseren Augen? Deshalb sage ich euch: Das Reich Gottes wird von euch genommen und einem Volk gegeben werden, das seine Früchte bringt.

Matthäus 21,42–43

Einladung zum Gebet

Geduldiger Gott, kann es wirklich sein, dass so viele von uns so falsch liegen? Warum ziehen wir die Gewinner den Verlierern vor, obwohl du doch ganz offensichtlich zu den «Verlierern» gehört hast und immer für sie eingetreten bist?

16

Besser geht es nicht!

Micha 7,14–15.18–20; Lukas 15,1–3.11–32

Es sind Schriften wie die des Propheten Micha, die deutlich machen, wie sehr Jesus im Judentum verwurzelt war, wie gut er mit den Hebräischen Schriften vertraut war und wie tief diese ihn geprägt haben. Wenn wir uns dieser Tatsache nicht bewusst sind, versuchen wir, den *menschlichen Text* (Jesus) außerhalb des offensichtlichen *Gesamtkontextes* (Judentum der nachexilischen Zeit) zu verstehen. Und dann ist die Botschaft weder klar verständlich noch schlüssig.

Wie dramatisch und faszinierend ist Michas Aussage, dass «Gott, der es liebt, barmherzig zu sein, und wieder Erbarmen haben wird mit uns und unseren Missetaten, alle unsere Sünden in die Tiefe des Meeres hinabwerfen wird». Man fragt sich, welche Art von Gotteserfahrung es einem Propheten vom Land ermöglichte, aus eigener Vollmacht heraus genau dieselben Dinge zu sagen wie Jesus acht Jahrhunderte später. Michas Aussage ist tatsächlich ziemlich verblüffend und bahnbrechend für seine Zeit.

Das führt uns zum Glanzstück der Lehre Jesu, dem Gleichnis, das «Der verlorene Sohn» genannt wird, obwohl es doch viel eher um den «barmherzigen Vater» geht, der offensichtlich bis zum Äußersten liebt! Sämtliche Gelehrten scheinen sich darüber einig zu sein, dass es dieses Gleichnis ist, in dem Jesu persönliche Gotteserfahrung am anschaulichsten und wirkungsvollsten zum Ausdruck kommt. Wenn das zutrifft, dann ändert sich offen gesagt alles. Deshalb zitiere ich hier die zentralen Verse:

Sein Vater sah ihn schon von weitem kommen, wurde von Mitleid bewegt, lief herbei, fiel ihm um den Hals und küsste ihn. … Holt schnell das beste Kleid heraus und zieht es ihm an und gebt ihm einen Ring an die Hand und Schuhe an die Füße! Holt das Mastkalb und schlachtet es! Wir wollen essen und fröhlich sein; denn dieser mein Sohn war tot und lebt wieder; er war verloren und ist wieder gefunden worden. Und sie begannen, ein Freudenfest zu feiern.

Lukas 15,20–24

Einladung zum Gebet

Guter Gott, wenn das wahr ist, habe ich bisher alles falsch verstanden. Wer bist du? Und wer bin ich?

Dritter Fastensonntag

Wenn wir doch nur die Gabe Gottes erkennen würden!

Johannes 4,5–42

Schon die Urkirche benutzte das lange und wahrlich mystische Evangelium von der Samariterin am Brunnen, um neue Taufbewerber am Karsamstag auf die Taufe vorzubereiten. Hier finden wir sämtliche Elemente, die dafür nützlich sind, man braucht sich nur zu bedienen: Es geht um Einladung und Offenbarung, um Intimität, Wechselseitigkeit und Erleuchtung, und wir haben zahlreiche Bedeutungen, die sich auf unterschiedlichen Ebenen entfalten. Zweifelsohne ist diese vielschichtige Geschichte ein perfektes Beispiel für unser übergreifendes Thema der «wundersamen Schleife» von Geber, Geben und Gabe.

Wie so oft ist auch sie eine Geschichte der Verkehrung (wer gibt wem?), auf der ersten Ebene missverständlich, ein moralischer Stolperstein und ein tieferes Gespräch. All das dient dazu, den ernsthaften Leser zu einem nötigen Suchen und Fragen zu bewegen – genau das, was wir uns für jeden neuen Christen wünschen. Der Text wäre im Übrigen auch sehr gut dazu geeignet, eine nicht-fundamentalistische Herangehensweise an die Bibel zu veranschaulichen, denn Jesus selbst führt die Frau von ihrem ersten wörtlichen Verständnis zu einem inneren und spirituellen Verständnis dessen, was wirklich geschieht. Zudem nutzt er den Moment, um seinen Zuhörern ein interreligiöses Verständnis nahezubringen: «Gott ist Geist und alle, die ihn anbeten, müssen im Geist und in der Wahrheit anbeten» (Johannes 4,24).

Die Geschichte zeigt, dass Jesus kein Interesse an der religiösen Kultur und den «Konfessionsunterschieden» seiner Zeit hatte. Er spricht nicht nur – zum Entsetzen seiner Jünger – allein mit einer fremden Frau, sondern betont, dass weder der Wahrheitsanspruch der Juden noch der der Samariter am Ende das ist, was für Gott zählt: «Es kommt die Stunde, wo ihr weder auf diesem Berg noch in Jerusalem den Vater anbeten werdet. … Die wahren Anbeter werden den Vater im Geist und in der Wahrheit anbeten» (4,21.23). Das wiederholt er zwei Mal, das zweite Mal formuliert er es sogar noch eindringlicher (4,24). Es ist wirklich faszinierend, und man fragt sich, warum wir angesichts dieser Aussage heute noch immer solche künstlichen Unterscheidungen verteidigen.

Der Punkt ist natürlich, dass es nicht funktioniert, solange wir nicht den Geist erfahren haben, der, so Jesus, das Wasser ist, «das ich gebe, das in dir zu einer Quelle werden wird, deren Wasser in das ewige Leben sprudelt» (4,14). Solange wir nicht mit der Geistquelle des Wassers in Berührung gekommen sind, werden wir uns immer durch unwesentliche Dinge, kulturelle Zufälle und äußere Formen und Formeln definieren.

Dann führt Jesus die Frau zu einer abschließenden Vision, die, so mitreißend sie ist, meist unbeachtet bleibt:

«Blickt umher und seht, die Felder sind weiß, reif zur Ernte. *Schon* empfängt der Schnitter Lohn und sammelt Frucht ein für das ewige Leben; so freuen sich gemeinsam der Sämann und der Schnitter» (4,35–36). Man kann Jesu Begeisterung über die Möglichkeiten förmlich spüren. Warum? Zum Teil, weil alles jetzt geschieht! Das wichtigste Wort des Abschnitts ist «schon», und die Phrase «so freuen sich gemeinsam der Sämann und der Schnitter» löst jegliche Vorstellung von zeitlichem Abstand zwischen der Tat und der Belohnung auf. Das Säen ist das Ernten.

Man könnte auch sagen, dass Jesus der Schnitter ist und die Frau der Sämann und dass alles, was geschieht, immer genau jetzt geschieht. Jesus hat alle Grenzen der Zeit, Moral und Religion hinter sich gelassen, um einen universalen, durch keine Gegenleistung «bezahlten» Sieg für Gott und die Menschheit zu verkünden, der in der Gegenwart stattfindet (dies wird vor allem in den Versen 36–38 deutlich)! Eine wahrhaft großartige Botschaft, die auch heute noch helfen könnte, christliche Kleinlichkeit und Schubladendenken zu verwandeln – oder jede Vorstellung, die aus dem Evangelium ein System von Belohnung und Strafe nach dem Tod macht.

Lesen Sie die komplette Geschichte der Samariterin (Johannes 4,1–42) in Ihrer bevorzugten Bibelübersetzung.

Einladung zum Gebet

Gott des Geistes und der Wahrheit, weite meine Gedanken, aber vor allem mein Herz, um deine große und allumfassende gute Nachricht zu empfangen. Ich weiß, dass keine Veränderung im Herzen möglich ist, wenn sich die Gedanken nicht ändern, und meine Gedanken ändern sich nur, wenn sich mein Herz verändert. Hilf mir, dass ich mit dem einen oder dem anderen beginnen kann.

17

Religiöses Gruppendenken

2 Könige 5,1–15a; Lukas 4,24–30

Wieder einmal beschäftigen wir uns heute mit zwei Texten, die unser natürliches «Gruppendenken» zutiefst infrage stellen. Sie verlachen unseren Unwillen, uns überhaupt nur vorzustellen, dass Gott auch außerhalb unserer eigenen Annahmen, unseres Volkes und unserer Definitionen existieren könnte. In beiden Texten kommt dies so deutlich zum Ausdruck, dass man sich fragt, wie wir es je übersehen konnten.

Der äußerst aufschlussreiche Abschnitt aus dem zweiten Buch der Könige enthält gleich mehrere der üblichen Konflikt-(sprich: «Offenbarungs»-)Situationen. Ich liste sie hier auf, und ich denke, Sie können Ihre eigenen Schlüsse daraus ziehen: Da ist Naaman, ein syrischer Heerführer, der an Lepra leidet und kein Jude ist. Ein kleines Sklavenmädchen ist in der Lage zu erkennen, wo die spirituelle Macht liegt, die ihn heilen kann, und dass er sie außerhalb der Grenzen seines eigenen Landes suchen muss. Naaman möchte geheilt werden, glaubt aber, dass er sich die Heilung mit seinem Geld und Einfluss erkaufen kann (später, in den Versen 16–19, wird Elischa sich weigern, überhaupt etwas anzunehmen).

Naaman geht zum Haus des Propheten Elischa, doch dann fühlt er sich von ihm beleidigt, weil der Prophet nicht selbst zur Tür kommen will. Zudem ärgert er sich über Elischas unverschämten Rat, in den wundersamen Wassern des Jordan zu baden anstatt in den Wassern seiner eigenen heiligen Flüsse in Syrien. Es sind Naamans eigene Diener, die ihn schließlich davon überzeugen, Elischas Rat zu befolgen. Am Ende ist er wieder rein und von der Lepra geheilt, und das fast gänzlich gegen seinen Willen. Wir haben hier tatsächlich jemanden, der eine wunderbare Gnade zurückweist, der sämtliche Einladungen und Versprechen überhört – und dennoch geheilt wird. Naaman ist ein wahres Opfer der Gnade! Er wird von ihr erwählt, er hat sich nie wirklich für sie entschieden. Wie viele von uns lebt er in einer Welt der Regeln und Regelmäßigkeiten, doch Gottes Demut ist so groß, dass er dennoch in Naamans Leben wirkt.

Im Evangelium bezieht sich Jesus genau auf diese rätselhafte Geschichte, um seinen Zeitgenossen aufzuzeigen, dass den Insidern oft keine Gnade widerfährt, während sie den Outsidern zuteil wird. Oft kann Gott nur zu den Outsidern gehen, denn «kein Prophet ist in seiner Vaterstadt willkommen», sagt Jesus. Dann weist er darauf hin, dass auch der Prophet Elija «zu einer Witwe in Sarepta im Gebiet von Sidon» (also außerhalb des jüdischen Territoriums) gesandt worden ist. Jesus macht mehr als deutlich, dass es oft die Außenseiter sind, die die Grenzen des Vorurteils durchbrechen, um die Gabe zu erhalten, während wir selbstgefällig in unseren Synagogen sitzen bleiben.

Das Ende ist vorhersehbar: «Alle in der Synagoge gerieten in Zorn, standen auf, stießen ihn zur Stadt hinaus und führten ihn bis zum Abhang des Berges, auf dem ihre Stadt erbaut war, um ihn hinunterzustürzen.» Wir werden «Gott töten», wenn es nicht unser Gott ist und nicht auf unsere Weise und nicht in der Sprache unserer Gruppe zu uns spricht. Viel zu oft führt Religion, die der Welt doch Leben und Heilung bringen soll, zum Tod und zur Ausgrenzung von Minderheiten.

Heute möchte ich Sie wieder bitten, die angegebenen Textstellen in Ihrer Bibel oder in Ihrem Lektionar zu lesen, da der Gesamtzusammenhang für das Verständnis der Hauptaussagen wichtig ist. Lesen sie 2 Könige 5,1–15a und Lukas 4,24–30.

Einladung zum Gebet

Gott Israels, Samarias, Sidons und Syriens, bist du tatsächlich immer der Gleiche? Kann ich dich wirklich freilassen, oder solltest du eher unseren Gesetzen und unserer Theologie folgen?

18

Wer ist im glühenden Ofen und wer nicht?

Daniel 3,25.34–43; Matthäus 18,21–35

Der erste oben angegebene Bibeltext stammt aus dem Buch Daniel. Es ist ein Ausschnitt aus dem Gebet, das einer der drei jungen Männer im glühenden Ofen spricht. Sein Name ist Asarja («Gott hilft»), und ganz sicher würde jeder, der «in den Flammen eines glühenden Ofens umhergeht», genauso verzweifelt und inbrünstig beten wie er. Mit der angemessenen Demut appelliert er an Gott, seinen Teil des Bundes einzuhalten, beichtet seine Sünden und fleht, wie zu erwarten, um Gnade. Er bittet Gott, sich von seiner guten oder sogar besten Seite zu zeigen, und er versichert ihm, dass er und seine Freunde von nun an dasselbe tun und ihm «von ganzem Herzen folgen» werden. Ein gutes Gebet, das uns zeigt, was wir vom Gott Israels erwarten dürfen. Die drei jungen Männer sind in einem glühenden Ofen, aber «das Feuer berührte sie überhaupt nicht; es versehrte und belästigte sie nicht» (Daniel 3,50).

Das Thema wird im Evangelium weitergeführt. Es handelt sich um ein Gleichnis, das nur bei Matthäus zu finden ist und in den meisten Bibelübersetzungen den äußerst treffenden Titel «Das Gleichnis vom unbarmherzigen Schuldner» trägt. Wie so oft bilden auch hier die Eingangsfrage und der Schlusssatz die Hauptaussage des Gleichnisses. Am Anfang stellt Petrus die Frage: «Wie oft muss ich meinem Bruder (oder meiner Schwester) vergeben?» Und Jesus antwortet, dass er ihm «siebenundsiebzigmal» vergeben muss. In der darauffolgenden Geschichte hat ein Herr «Erbarmen» mit seinem Knecht und erlässt ihm seine gesamten Schulden von zehntausend Talenten (mehr als 6,5 Millionen Euro). Das Gleichnis endet mit der Aufforderung: «Jeder von euch muss seinem Bruder [oder seiner Schwester] *von Herzen* vergeben!» Genau das hat der Herr / Gott soeben getan. Der habgierige und selbstsüchtige Schuldner aber setzt seinem Mitknecht, der ihm lediglich hundert Denare (weniger als zwölf Euro) schuldet, die Pistole auf die Brust, überhört seine Bitte und Versprechen und lässt ihn ins Gefängnis werfen (als ob dies etwas helfen würde). Am Ende ist es jedoch er selbst, der «gefoltert» und ins Gefängnis geworfen wird. Die Erzählung ist eine klassische Weisheitsgeschichte aus dem Orient. Zum einen macht sie uns auf wunderbare Weise bewusst, was wir immer von Gott erwarten dürfen, zum anderen führt sie uns vor Augen, dass wir uns letztendlich selbst zerstören und in Ketten legen, wenn wir uns weigern, anderen zu vergeben.

Das Schlusscrescendo dieses leicht verständlichen Gleichnisses ist die Einladung Jesu, an Gottes bedingungsloser Liebe «von Herzen» teilzunehmen. Die Verbindung zwischen dem Evangelium und dem Zitat aus Daniel ist für mich folgende: Wenn wir darum beten, tiefe Verletzungen vergeben zu können, ist es, als ob wir dabei in einem glühenden Ofen brennen würden. Wenn wir aber nicht darum beten, von unserem unversöhnlichen Herzen befreit zu werden, werden es tatsächlich *wir* sein, die für immer weiterbrennen. Manchmal ist Gott der Einzige, der uns aus einem solchen Ofen befreien kann.

Lass uns nicht zuschanden werden, sondern verfahre mit uns nach deiner Milde und nach der Fülle deines Erbarmens. Errette uns entsprechend deinen Wundertaten und verschaffe deinem Namen Ruhm, Herr!

Daniel 3,42–43

Hättest nicht auch du dich deines Mitknechtes erbarmen müssen, so wie ich mich deiner erbarmt habe?

Matthäus 18,33

Einladung zum Gebet

Mitfühlender Gott, Mutter und Vater allen Erbarmens, lass nicht zu, dass wir uns selbst – oder die Wunder deines Namens – beschämen, indem wir außerhalb der wundervollen Schleife deiner Vergebung und deiner Gnade leben.

19

Gute Behälter sind unabdingbar

Deuteronomium 4,1.5–9; Matthäus 5,17–19

Die Lehre, die ich Ihnen heute vermitteln möchte, gehört zu den wertvollsten, die es überhaupt gibt. Gleichzeitig beinhaltet sie aber auch genau das, was uns modernen oder postmodernen Menschen nur sehr schwer nahezubringen ist. Wir alle sind Nachfahren der französischen und amerikanischen Revolutionen, welche für «alte» Behälter oder auch nur «Hüllen» nicht die geringste Verwendung hatten. Amerikaner nennen dies «Freiheit», doch wir werden sehen, dass Jesus sich für eine viel ältere und biblische Freiheit aussprach, die mit dem Freisein von irgendwelchen Einschränkungen überhaupt nichts zu tun hat.

Gott ist wie ein Stromkabel. Man erleidet einen Stromschlag und verbrennt, wenn man es direkt berührt oder auch nur glaubt, man *selbst* hätte es direkt berührt. Ich beziehe mich hier auf die Mythologie und die Psychologie, wo das Muster sehr oft und genau beschrieben wird. Gefängnisse und psychiatrische Kliniken – wie im Übrigen auch viele Kirchen – sind voll von Leuten, die glauben, sie würden direkt in Gottes Namen sprechen.

Wenn Mose überschwänglich die «Gebote und Rechtssatzungen» preist, die «befolgt» werden müssen und die uns «nie aus dem Sinn kommen» dürfen, sondern unseren «Kindern und Enkeln» verkündet werden sollen, rollen wir, die wir doch so gebildet und fortschrittlich sind, nur mit den Augen und warten auf die nächste Bibelstelle. Diese handelt jedoch von Jesus, der selten falsch liegt, in diesem Fall «aber vielleicht schon»: Er sagt, er habe nicht die Absicht, «das Gesetz aufzuheben» oder auch nur «ein Jota oder Häkchen vom Gesetz» – «bis nicht sein Zweck erfüllt ist». Was geht hier vor? Wir haben kein Interesse daran, zu einer unterdrückenden und engstirnigen Auffassung von Religion zurückzukehren, oder? Vielleicht hilft uns das hier weiter: *Große Inhalte müssen in kleineren Gefäßen aufbewahrt werden.* Es gibt tatsächlich keinen anderen Weg, denn andernfalls blähen wir unseren Geist und unsere Seele so weit auf, bis wir sie schließlich zerstören. Nur eine sehr stolze Person oder Kultur wäre anderer Meinung. Man kann große Inhalte nur Stück für Stück, in Stufen und Portionen erhalten, eben dann, wenn man bereit dazu ist und selbst auf einem tieferen Level angelangt ist. Denn sonst verbrennen wir uns! Gesetze, Dogmen, selbst Institutionen, «Gebote und Rechtssatzungen» sind die notwendigen Behälter, die uns so lange an einem Platz verweilen und ringen lassen, bis wir tiefer eintauchen können und *wissen, was sie wirklich bedeuten*!

Oder, wie Jesus sagt, «bis es seinen Zweck erfüllt hat» (in manchen Übersetzungen heißt es auch: «bis alles geschehen ist»). Jesus weiß, dass Gesetze und Dogmen nicht das Ziel oder der Zweck selbst sind und widerspricht damit einer jeden unreifen Religion. *Doch sind sie der notwendige Ausgangspunkt oder Behälter. Das werden wir aber immer erst*

Mittwoch der dritten Fastenwoche

hinterher erkennen – wenn alles geschehen ist! –, wenn das unabdingbare Ringen stattgefunden hat. Große Dinge können uns nicht sofort in unseren kleinen Schoß fallen, sonst wären es keine großen Dinge.

Beachten Sie das Wort *bis*. Es gibt einen Punkt, an dem viele Strukturen und Aussagen ihre Bedeutung und selbst ihren Nutzen verlieren. Wie Paulus es später ausdrückt, sind sie nur «Zuchtmeister» oder «Kindermädchen» (Galater 3,24). Ich nenne sie *Übungsräder*. Verschiedenste Strukturen können Weinschläuche sein, aber sie sind nicht der Wein selbst. Sie sind die Hefe, aber nicht der Teig. Sie sind der erste Behälter, aber nicht der endgültige Inhalt. Doch ohne den Behälter verlieren wir unausweichlich den lebenswichtigen Inhalt.

Und wo gibt es ein so großes Volk, das so vollkommene Gebote und Rechtssatzungen hat wie dieses ganze Gesetz, das ich euch heute vorlege?

Deuteronomium 4,8

Denkt nicht, ich sei gekommen, um das Gesetz oder die Propheten aufzuheben. Ich bin nicht gekommen, um aufzuheben, sondern um zu erfüllen [«zu vervollständigen», «zur Vollendung zu führen»]. ... Bis Himmel und Erde vergehen, wird nicht ein Jota oder Häkchen vom Gesetz vergehen, *bis* alles geschehen ist.

Matthäus 5,17–18

Einladung zum Gebet

Gott des Gesetzes und Gott der Liebe, bringe mich auf den Weg, bleibe dicht bei mir, aber sorge auch dafür, dass ich in die richtige Richtung weitergehe, die immer zu dir führt.

20

Dämonen mit Dämonen austreiben, die besser verkleidet sind

Jeremia 7,27–28; Lukas 11,14–23

Wie es in den Wald hineinruft, so schallt es heraus, sagt man. In unserer ersten Bibelstelle ruft Jeremia so in den Wald hinein, dass für ihn, das Volk und Jhwh eine negative Reaktion zu erwarten ist. In seinem Zürnen gegen die «Dämonen» ist er selbst ein wenig zu einem Dämon geworden. Er klagt an, er hat Angst, er zerstreut. Zu diesem Zeitpunkt ist der Prophet eine innerlich zerrissene und gespaltene Person. Hier sehen wir sicher das, was Paulus meint, wenn er später sagt: «Unser Prophezeien ist Stückwerk» (vgl. 1 Korinther 13,9). Jeremia gelangt letztendlich zur Reife, aber bis dahin muss der «zögerliche Prophet» noch einige Male leiden und scheitern, und auch in seinem weiteren Leben wird er noch des Öfteren Fehlschläge hinnehmen müssen.

Dieselbe Botschaft wird im Lukasevangelium fortgeführt. Jesus vollbringt eine gute Tat und befreit einen Mann, der nicht sprechen kann, von einem Dämon. Man sollte meinen, dass dies die Menge glücklich macht, doch stattdessen bezichtigen sie ihn, selbst besessen oder, schlimmer noch, selbst ein Dämon zu sein. Wer versucht, das Böse zu bekämpfen, wird unweigerlich selbst beschuldigt, Böses zu tun. Ist das nicht interessant? Und verwunderlich! Doch müssen wir nur einen Blick auf die Geschichte werfen – vor allem, wenn es um Menschen geht, die sich für Wahrheit, Gerechtigkeit und Frieden einsetzen. Vielleicht ist es auch Jeremia so ergangen, vielleicht hat genau das ihn dazu bewogen, defensiv in seiner Ecke stehen zu bleiben.

Doch wie auch immer: In unserem zugegebenermaßen etwas verwirrenden Evangelium schreibt Jesus sich verschiedene Eigenschaften zu. Er beschreibt sich als «nicht entzweit», «der Stärkere», «der Finger Gottes» und zum Schluss als den, der «sammelt». Jesus spricht hier aus seiner inneren Identität, aus seinem inneren Grund heraus. Seine Worte entspringen einem «nicht-dualen» Ort, seinem Einssein mit Gott, seiner wirklichen Verbundenheit mit der Situation.

Die Geschichte soll uns aber nicht nur sagen: «Schaut mal, was ich alles kann!» Vielmehr möchte Jesus uns sagen, dass wir auf dieselbe Weise mit ihm «sammeln» können (Vers 23)! Er lädt uns immer dazu ein, an seinem Sieg teilzuhaben. Menschen, die ganz sind, schaffen ganze Menschen. Gespaltene Menschen heilen niemanden, sondern zerstreuen nur, weil sie selbst «zerstreut» und nicht ganz sind. Sie führen das Problem endlos weiter. Ihre Motive, ihre Loyalitäten, ihre Identität und ihre Gefühle sind überall verstreut. Das griechische Wort für Teufel ist *diabolos*, das zerrissen oder gespalten, wörtlich, «durcheinandergeworfen» bedeutet.

Jesus sammelt und heilt, weil er eins ist mit sich, mit Gott und selbst mit dem Schmerz des stummen Mannes. Und er will sogar eins sein mit der Menge. Wie aber vorauszusehen ist, ist es eben sein Einssein, das Jesus, den «Sammler», von jenen trennt, die zerstreut sind, und sie bezichtigen ihn ihres eigenen Fehlers, das heißt, «ein Dämon zu sein». Aus irgendeinem Grund fürchten sich selbstgefällige Leute vor jedem, der auf dem Weg weiter vorangeschritten ist als sie selbst. *Wenn man ernsthaft das wirklich Böse bekämpft, wird man unweigerlich selbst bezichtigt, Böses zu tun.* Distanziert man sich dagegen von kleineren sozialen «Unreinheiten», wird fast jeder zustimmen und auf den Zug aufspringen. Sie sehen, warum wir tiefe Einsicht und wahre Weisheit benötigen, wenn es darum geht, das Böse zu bekämpfen.

Die Volksscharen waren zynisch und skeptisch [erstaunt]. Einige von ihnen aber sagten: Durch Beelzebub, den obersten der Dämonen, treibt er die Dämonen aus. ... Jesus sagte zu ihnen: Wenn aber ein Stärkerer über ihn kommt und ihn überwindet, dann nimmt er ihm seine Rüstung, auf die er sich verlassen hatte, und verteilt seine Beute. Wer nicht mit mir ist, der ist gegen mich, und wer nicht mit mir sammelt, der zerstreut.

Lukas 11,14–15.22–23

Einladung zum Gebet
Kämpferischer Gott, gekreuzigter Christus, lehre mich, wie das Böse wirklich überwunden werden kann. Lass mich nicht Teil des Problems, sondern selbst der Anfang der Lösung sein.

21

Ein und dieselbe Liebe

Hosea 14,2–10; Markus 12,28–34

Die erste der beiden für heute vorgesehenen Bibelstellen ist das Ende des Buches Hosea. Die Lehre des Propheten zeugt von einer innigen, treuen und zärtlichen Beziehung zu Jhwh, nachdem er selbst Gottes Treue erfahren hatte. Er vertraute auf den Kreislauf von Geben und Nehmen, von Treue und Untreue seiner Ehefrau Gomer – der Prostituierten, die er auf Gottes Geheiß hin geheiratet hatte. Seine Frau wurde zum Bild für die Seele vor Gott. Denken Sie eine Weile darüber nach. Wenn Sie Hoseas Leben kennen, werden Sie den Text mit neuer Sympathie lesen, er wird eine ganz andere Wirkung auf Sie haben. «Ich will deine Untreue immer heilen und dich aus freien Stücken von ganzem Herzen lieben», sagt Jhwh, und Hosea hat gelernt, seine Frau auf dieselbe Weise zu lieben. Wir wissen nicht, was zuerst da war: Gottes treue Liebe zu Hosea oder Hoseas vergebende Liebe zu seiner Frau.

Der Abschnitt aus dem Evangelium ist ein absolut faszinierender Text. Jesus fügt hier zusammen, was er als Höhepunkt und Kernaussage der Lehre seiner eigenen jüdischen Tradition betrachtet (aus Deuteronomium und Levitikus). Es könnte gut sein, dass er dabei auch an die Worte seines

Zeitgenossen Hillel dachte. Der bekannte Rabbi soll zu einem übereifrigen jungen Schüler in Judäa gesagt haben: *«Was du nicht willst, das man dir tu, das füge auch keinem andern zu. Das ist die ganze Tora, alles andere ist Auslegung. Nun geh hin und lerne.»* Ich frage mich, ob es nicht auch heute noch nötig wäre, übereifrigen Theologiestudenten und Seminaristen aller Religionen die Worte Hillels und Jesu zuzurufen!

Das Neue an Jesu Botschaft ist hier, dass er die beiden Zitate aus Deuteronomium und Levitikus miteinander verbindet. Ein Schriftgelehrter hatte gefragt, welches «das erste Gebot von allen» sei. Jesus antwortet ihm mit zwei Geboten, behandelt sie aber als eines. Er verbindet die Aussagen zweier unabhängiger Passagen über die Liebe zu Gott beziehungsweise die Liebe zum Nächsten miteinander und macht sie zu einer: «Größer als *dieses* ist kein anderes Gebot.» Bei Matthäus wird es noch viel deutlicher: «Das zweite ist ihm gleich! An diesen beiden Geboten hängen das ganze Gesetz und die Propheten» (Matthäus 22,39–40). Hoseas Liebe zu Gomer und seine Liebe zu Gott sind ein und dieselbe Liebe. Gottes Liebe zu Gomer und seine Liebe zu Hosea sind ein und dieselbe Liebe. Wenn es tatsächlich Liebe ist, dann ist sie immer Eine.

Glücklicherweise haben wir es im Markusevangelium mit einem erleuchteten Schüler zu tun, der Jesus nicht nur zustimmt, sondern auch noch hinzufügt: «Das ist weit mehr als alle Brandopfer und andere Opfer.» So etwas aus dem Mund von jemandem zu hören, der zum «Tempeltheologen» oder zur «Priesterschaft» erzogen wird, ist äußerst erstaunlich und selten. Beachten Sie Jesu großes Lob, das er dem Schüler für seine «Einsicht» oder «Weisheit» trotz seiner Jugend ausspricht: «Du bist nicht weit vom Reich Gottes», junger Mann! Der Abschnitt endet mit dem absoluten Schweigen der Menge. Offensichtlich haben die Leute angesichts einer solch klaren und einfachen Lehre nichts mehr zu sagen.

Höre, Israel, Jhwh, unser Gott, Jhwh ist Einer, und du sollst Jhwh, deinen Gott, lieben mit deinem ganzen Herzen und mit deiner ganzen Seele und mit deinem ganzen Denken und mit deiner ganzen Kraft. Das Zweite ist dies: Du sollst deinen Nächsten lieben wie dich selbst. Größer als dieses ist kein anderes Gebot.

Markus 12,29–31

Einladung zum Gebet

Gott, der du Einer bist, durch dich werden alle Dinge eins: sogar mein eigenes Herz, und es wird eins mit den Herzen der anderen und, kaum zu glauben, selbst mit deinem Herzen.

22

Die Illusion des «Opferns»

Hosea 6,1–6; Lukas 18,9–14

Jesus selbst zitiert im Matthäusevangelium zweimal aus den Versen Hoseas, die als Bibeltext für heute angegeben sind. Beide Male benutzt er die Aussagen des Propheten, um sich gegen Leute zu verteidigen, die sich selbst für «heiliger als andere» halten: *«Gott möchte barmherzige Menschen, nicht heldenhafte Opfer. Gott möchte, dass ihr wisst, wie Liebe wirklich funktioniert, denn dann könnt ihr eure Gesten der Aufopferung einfach weglassen»* (meine eigene Formulierung, basierend auf Hoseas Worten in den Versen 2,21 ff und 8,11 ff).

In Matthäus 9,13 ruft Jesus seinen Gegnern diese ansonsten eher weniger beachteten Worte Hoseas ins Gedächtnis, um sich gegen die Kritik zur Wehr zu setzen, dass er sich mit Sündern abgibt. In Matthäus 12,7 verwendet er sie, um sich und seine Jünger gegen den Vorwurf zu verteidigen, den Sabbat nicht einzuhalten, an ihm «zu ernten», um zu essen.

In beiden Fällen stellt Jesus dem Zitat eine eindringliche Aufforderung oder Bitte voran: «Geht und lernt verstehen, was das heißt», oder: «Hättet ihr erkannt, was das heißt». Nun, es ist auch heute noch wichtig, dass wir verstehen lernen, was diese Worte bedeuten, denn ein Großteil der

Religion hat es nicht. Doch haben wir ihre Bedeutung erst einmal begriffen, wird sich das Evangelium vom Zöllner und Pharisäer ganz schnell von selbst erklären. Und Sie werden erkennen, dass Jesus – Jahrhunderte, bevor sich die moderne Psychologie entwickelte – ein äußerst scharfsinniger Lehrer war.

Der Pharisäer verkörpert einen Menschen, der auf die gewöhnliche heroische Art «Opfer» bringt. Viele von uns erkennen nicht, dass diese Geste mehr als alles andere dazu dient, das eigene Ego und Selbstwertgefühl zu stärken. *Gott braucht es nicht. Du brauchst es.* Opfer zu bringen ist der unbewusste Versuch, Gott zu kontrollieren, der unsere Kontrolle nicht im Geringsten nötig hat. «Ich faste zweimal in der Woche und gebe den Zehnten von allen meinen Einkünften. … Ich bin nicht wie die übrigen Menschen», sagt der Pharisäer. Es scheint, als ob man Gott, dem Staat, der Kirche oder dem Sportverein nur geben würde, um sich die Bewunderung anderer zu sichern.

Der soziale Nutzen, den wir davon haben, bessert unser Ego dermaßen auf, dass es äußerst unwahrscheinlich ist, dass dieses «Für Gott und Vaterland»-Denken irgendwann einmal verschwinden wird. Oft ist es im Leben zwar gut und notwendig, Opfer zu bringen, wenn es darum geht, anderen Menschen zu helfen, doch allzu oft ist es nicht mehr als ein Versuch, das eigene Selbstbild aufzubessern, indem man sich positiv von anderen abhebt.

Beachten Sie die Worte: «Gott, ich danke dir, dass ich nicht bin wie die übrigen Menschen: Räuber, Ungerechte, Ehebrecher.» Könnte die Botschaft noch deutlicher sein? Unser Freund, der Zöllner, hat offensichtlich «verstehen gelernt, was das heißt», denn «er stand in der Ferne und wollte noch nicht einmal die Augen zum Himmel erheben, sondern schlug an seine Brust und betete: Gott, sei mir Sünder gnädig!» Und dann verkündet Jesus sein Schlusswort, das auch heute noch überwältigend klingt: «Ich sage euch: Dieser ging gerechtfertigt nach Hause, im Gegensatz zu jenem.» Ich hoffe, Sie haben bemerkt, *dass sich Jesu Ärger niemals gegen die Sünder richtet, sondern einzig gegen Menschen, die glauben, sie seien keine Sünder.* Der Pharisäer ist ein öffentlicher Heiliger, der nicht im Geringsten heilig ist. Zöllner hingegen galten in Israel als öffentliche Sünder, denen absolut nichts zur Ehre gereichte. Doch am Ende ist es gerade der Zöllner, der sich als Heiliger erweist.

Liebe will ich, nicht Schlachtopfer, Gotteserkenntnis statt Brandopfer.

Hosea 6,6

Einigen, die sich selbstsicher für gerecht hielten und die Übrigen verachteten, erzählte er dieses Gleichnis: Zwei Menschen gingen hinauf in den Tempel, um zu beten: Der eine war ein Pharisäer und der andere ein Zöllner.

Lukas 18,9–10

Einladung zum Gebet
Barmherziger Gott, alles, was ich dir geben kann, und alles, was du je von mir willst, ist das, was ich wirklich bin. Dieser kleine Mensch, der ich bin, gibt dir nun sein einziges und wahres Selbst zurück.

Vierter Fastensonntag

Wir brauchen Licht, um die Dinge richtig zu erkennen

1 Samuel 16,1b.6–7.10–13a; Epheser 5,8–14; Johannes 9,1–41

Die Karwoche rückt nun immer näher. Heute, am Sonntag der «Zweiten Prüfung» der Taufkandidaten, werden wir uns voll und ganz dem Thema des Lichts und der wahren Erkenntnis der Dinge widmen. Es geht hier um genau das, was die Alten oft als die «große Tragik des Lebens» bezeichnet haben: Unser Mangel an Selbsterkenntnis und Weisheit führt dazu, dass wir äußerst dumme und selbstzerstörerische Dinge tun. Weil wir nicht in der Lage sind, unsere eigene Wahrheit klar zu sehen, können wir auch die Realität nicht klar erkennen. Wir alle haben unsere tragischen Fehler und blinde Flecken. Uns Menschen mangelt es in gewisser Hinsicht immer an «Licht» oder Erleuchtung über uns selbst und über das ewige Geheimnis Gottes.

In der ersten oben angegebenen Bibelstelle kann der Prophet Samuel etwas sehen, was noch nicht einmal Davids Vater Isai erkennen kann: Sein jüngster Sohn – der, klein und schmächtig, wie er ist, auf dem Feld vergessen wurde – ist der Auserwählte. «Der Mensch sieht auf das Äußere, der Herr aber sieht das Herz», sagt Samuel. Im zweiten Text aus dem Brief an die Epheser werden wir dazu aufgefordert, selbst unsere «Schattenarbeit» zu tun und unsere Selbsttäuschungen ans Licht zu bringen. Die Taufkandidaten wurden dazu angehalten, eine «furchtlose moralische Inventur» von sich zu machen, wie die therapeutische Selbsthilfe-Bewegung (wie die «Anonymen Alkoholiker») es heute ausdrücken würde. Irgendwann müssen wir die Dinge, die uns beschämen und die wir verleugnen, ans Licht bringen, andernfalls werden sie uns von innen her töten.

Und schließlich haben wir das wie ein großartiges Theaterstück anmutende Evangelium über den blindgeborenen Mann. Manche sind der Ansicht, dass die Geschichte tatsächlich im Heiligtum aufgeführt wurde, da sie so viele klare Rollen, interagierende Charaktere und dramatische Wendungen aufweist. Wir können hier nur an der Oberfläche kratzen, doch das reicht hoffentlich aus, um Ihnen die Tiefe der Geschichte zu verdeutlichen. Ich fasse die wichtigsten Themen kurz zusammen, damit Ihnen nichts entgeht:

– Der Blindgeborene ist der Archetyp eines jeden Menschen, der am Anfang seines Lebensweges steht.

– Das Spiel der moralischen Schuldzuweisung, wenn es um die Ursache des menschlichen Leids geht, ist reine Zeitverschwendung.

– Der Mann hat noch nicht einmal darum gebeten, geheilt zu werden. Die Heilung wurde ihm einfach gegeben und geschenkt.

– Religiösen Autoritäten geht es oft mehr um Kontrolle und korrekte Theologie als um die Heilung der Menschen. Sie werden in der gesamten Geschichte als engstirnig und lieblos dargestellt.

- Viele Menschen messen ihren spirituellen Schlüssen mehr Bedeutung bei als den Tatsachen, die sie direkt vor ihren Augen haben. Der Sehend-Gewordene wurde zuvor schon als «Sünder» definiert und besitzt für sie keine Glaubwürdigkeit.
- Der Glaube und die Liebe zu Jesus kommen erst *nach* der Tatsache, sie folgen auf die Heilung. Vollkommener Glaube oder Motivation sind nicht immer Voraussetzung für Gottes Handeln. Manchmal tut Gott Dinge für seine eigenen Zwecke.
- Spiritualität bedeutet Sehen. Sünde bedeutet Blindheit oder, wie es der heilige *Gregor von Nyssa* sagen würde: «Sünde ist immer eine Weigerung zu wachsen.»
- Jene, die wenig wissen, lernen viel (das nennen wir den «Geist der Anfänger»), und jene, die schon all ihre Antworten haben, lernen nichts.

Ob [Jesus] ein Sünder ist, weiß ich nicht. Das eine weiß ich, dass ich blind war und jetzt sehen kann.

Johannes 9,25

Zum Gericht bin ich in diese Welt gekommen, damit die Blinden sehend und die Sehenden blind werden.

Johannes 9,39

Einladung zum Gebet

Gott des Lichts und der Wahrheit, lass mich nicht blind sein. Hilf mir, demütig und ehrlich zu bleiben – eine Aufgabe, die mehr als groß genug für mich ist.

23

Liegt das «Neue» vielleicht darin, nicht auszugrenzen?

Jesaja 65,17–21: Johannes 4,43–54

Zwischen den beiden Textstellen aus Jesaja und Johannes gibt es keine klare oder offensichtliche Verbindung. Dadurch bieten sich dem Leser oder Prediger viele Möglichkeiten, eigene Verbindungen herzustellen. Versuchen wir es mit dieser: Den meisten von uns wurde beigebracht, dass Propheten die Zukunft «vorhersagen». Das ist wahr, doch gleichzeitig auch irreführend. Darum geht es hier nicht. In erster Linie sind Propheten Seher der großen Muster, sie erkennen, was immer und ewig wahr ist. Propheten wie Jesaja wissen, wie Gott handelt, weil sie genau hinschauen und zuhören, und sie haben keine Zweifel an den «Meta-Erzählungen», der wahren Geschichte, die immer in unseren kleinen Geschichten abläuft. Eines der großen Muster ist, dass Gottes Botschaft – trotz unserer größten Bemühungen, sie einzugrenzen – immer weiter und universaler wird.

Wenn der Dritte Jesaja (Jesaja 56–66) also verkündet, dass Gott «einen neuen Himmel und eine neue Erde» und «Freude» und «Jubel» schaffen wird, dass «Weinen und Wehklagen» vergehen und die Menschen ihre Jahre voll ausleben werden, macht er keine konkreten Angaben über Einzelheiten, sondern spricht viel mehr über das Ganze – über die großen Dinge, die immer wahr sind und auch hier und dort wahr sein können. Es scheint, als hätten die Menschen im Altertum einen viel weiteren Begriff von Geschichte und Wahrheit gehabt als wir heute. Vielleicht waren sie bei ihrer Beobachtung, wie sich die großen Muster entfalten, auch einfach nur geduldiger.

Nachdem Jesus nach Galiläa zurückgekehrt ist, geschieht etwas völlig Neues: Ein «königlicher Beamter» bittet ihn um ein Wunder für seinen sterbenden Sohn. Dass ein nichtjüdischer «Edelmann» einem jüdischen Wanderheiler vertraut, der keinerlei formelle Qualifikation besitzt, ist sicherlich ein Durchbruch zu etwas noch nie da Gewesenem. Der Beamte schenkt den Worten Jesu Glauben, ohne einen sichtbaren Beweis zu fordern. Als der Beamte nach Hause zurückkehrt, wird aus seinem Weinen tatsächlich Freude. Die Geschichte ist eine von vielen, in denen Jesus während seines Wirkens einen Menschen heilt, der nicht aus seiner Heimat stammt. Nirgends wird ein Katalog von richtigen Glaubenssätzen oder Treuebeweisen erwähnt, der königliche Beamte wird nicht gefragt, ob er zum ersten Mal verheiratet ist oder ob er eine umfassende Beichte seiner Sünden abgelegt hat. Ist das nicht einfach verantwortungslos von Jesus?

Die gesamte Geschichte kann als eine Illustration des Eröffnungssatzes betrachtet werden, in dem es heißt, «dass ein Prophet in seiner eigenen Heimat kein Ansehen genießt» (Johannes 4,44). Dort, so scheint es, stellen die Menschen oft die falschen Fragen. Wie im Evangelium nicht anders zu erwarten, ist es auch dieses Mal der Außenseiter, der «kapiert», worum es geht. Die Menschen aus Jesu eigenen Reihen hingegen bekämpfen ihn weiterhin, um ihre viel kleineren Wahrheiten zu verteidigen. Der Kreis der biblischen Offenbarung wird ständig weiter, um diese «neue Erde» zu schaffen, von der Jesaja spricht, und innerhalb eines Jahrhunderts wird daraus ein Volk entstehen, das sich als *katholisch* (auf Deutsch «allumfassend» oder «universal») bezeichnen wird. Hier hat jeder einen Platz! Man fragt sich, wie wir aus der Religion je eine Art ausschließendes System machen konnten, wenn doch ein Großteil der Heilungen Jesu den Ausgeschlossenen und vielleicht sogar Unwürdigen zuteil wurde.

An das Frühere wird man nicht mehr denken, es kommt nicht mehr in den Sinn. Vielmehr wird man sich freuen und ohne Ende jubeln über das, was ich schaffe.

Jesaja 65,17–18

Der Mann glaubte dem Wort, das Jesus ihm gesagt hatte, und ging. … Und er wurde gläubig mit seinem ganzen Haus.

Johannes 4,50.53

Einladung zum Gebet

Gott aller Namen und der Liebe, hilf mir, alle in mein Herz zu schließen, die auch du einschließen möchtest. Hilf mir, all jenen zu vergeben, denen auch du so großzügig vergibst. Hilf mir, so wie du etwas wahrhaft «Neues» auf dieser Erde zu tun.

24

Die Seele braucht Bilder, um die Wirklichkeit zu erkennen

Ezechiel 47,1–9.12; Johannes 5,1–16

Das menschliche Leben setzt sich aus Momenten, Ereignissen, Begebenheiten und Anekdoten zusammen, von denen wir manches verallgemeinern und daraus ein umfassendes «Glaubenssystem» errichten. Besonders *schnell und tiefgreifend* geschieht dies, wenn wir es mit Kunstgegenständen, Bildern, Kurzbiografien, Metaphern oder Geschichten zu tun haben. Viel mehr als begriffliche Vorstellungen sind sie in der Lage, das Unbewusste zu berühren und an die Oberfläche zu bringen. Zu einem «Bild» zusammengefügt haben unsere einzelnen Erfahrungen viel mehr Kraft, uns entweder zu heilen oder zu verletzen, zumindest aber, uns zu verändern. Die Bibel will uns natürlich einige heilende Geschichten und Bilder an die Hand geben, die uns dabei helfen sollen, unser Leben im Lichte Gottes und der Wahrheit umzugestalten.

Eines dieser Bildworte, die eine starke Heilkraft besitzen, ist das des Wassers, und wir begegnen ihm sowohl bei Ezechiel als auch bei Johannes. Als Bild für die Quelle des Lebens und eine unendlichen Fruchtbarkeit spricht Ezechiel vom Wasser, das an allen Seiten unter den Schwellen des Tempels hervor fließt: Alle Lebewesen, Fische und Bäume, deren «Früchte als Speise und ihre Blätter als Heilmittel dienen», haben durch dieses Wasser ihr Leben. Was für ein ausgezeichnetes Bild für göttlichen Reichtum und das universale Wachstum, das daraus entspringt.

Auch Johannes benutzt das Bild des fruchtbaren und heilenden Wassers, das passenderweise Betesda oder «Haus der Gnade» genannt wird. Hier sprudelt das heilende Wasser direkt vor unseren Augen, es ist wahrhaftig ein Haus der Gnade, doch der Mann, der direkt davor sitzt, macht keinen Gebrauch davon. Sein Körper wie auch sein Geist sind gelähmt. Das ist die eigentliche «Sünde» oder Tragödie, von der er geheilt werden muss. Er spielt jedoch das arme Opfer: «Ich habe keinen Menschen, der mich, sobald das Wasser in Wallung gerät, in den Teich bringt. Während ich auf dem Weg bin, steigt schon ein anderer vor mir hinab.» Und das sagt er schon seit achtunddreißig Jahren!

Da befiehlt Jesus dem Mann aufzustehen, seine Bahre zu nehmen und umherzugehen. Jesus spiegelt sein bestes Selbst für ihn, er ermächtigt ihn und gibt ihm seine eigene Macht zurück, er zeigt ihm ein neues «Bild» von sich selbst, er gibt dem Mann sich selbst zurück, indem er ihm *sein eigenes Selbst* gibt. Genau so muss es passieren, denn wir alle sehen uns selbst am Anfang so, wie andere Leute uns sehen – zum Guten wie zum Bösen. Bei Jesus ist es stets zum Guten, doch bringt ein solches perfektes Spiegeln auch immer eine Beziehung und Verantwortung mit sich.

Deshalb warnt Jesus den Mann davor, wieder zu seiner Lähmung zurückzukehren, «damit dir nicht Schlimmeres widerfährt». Diese «regressive Wiederherstellung der alten Rolle» ist ein sehr häufiges Muster, wenn wir in neue und bedrohliche Welten hinausgeschickt werden, wenn wir für uns selbst Verantwortung übernehmen sollen, wenn wir uns mutig unserem eigenen Leben stellen und tapfer auf unseren eigenen Beinen stehen müssen. Was das betrifft, gibt es nur wenige Lehrer, die so ehrlich wie Jesus sind. Die meisten werden uns nur raten, «gut auf uns aufzupassen», und unser falsches Selbst tätscheln. Jesus handelt niemals so.

Die regressive Wiederherstellung der alten Rolle ist etwas, was uns nicht nur bei Individuen, sondern auch im Fall von Institutionen begegnet, wie wir häufig in der Öffentlichkeit, in unserem sozialen Umfeld und traurigerweise auch in unseren Kirchen beobachten können. Sie kehren sich um und schwelgen im nostalgischen Blick auf die Vergangenheit. Beim Blick auf die Zukunft fühlen sie sich in der Opferrolle, anstatt Courage zu zeigen und Wege aufzuzeigen. Wir brauchen heilende Bilder und mutige Menschen, die uns das beste «Bild» von uns vor Augen stellen. Nur sie können uns dazu bewegen, in die Wasser, die aus dem Tempel strömen, und den immer wallenden Teich der göttlichen Gnade zu steigen. Viele gehen nie das Risiko ein und schaffen es auch nach «achtunddreißig Jahren» nicht, ihre spirituelle Unmündigkeit hinter sich zu lassen.

Er ließ mich durch das Wasser waten; es reichte bis an die Knie. Er maß abermals tausend Ellen ab und ließ mich hindurchwaten; es reichte bis an die Hüften.

Ezechiel 47,4

Willst du gesund werden? ... steh auf, nimm deine Bahre und geh umher.

Johannes 5,7.9

Einladung zum Gebet

Heilender Gott, gib mir den Mut, vorwärts zu gehen. Hilf mir zu erkennen, dass meine größte Sünde vielleicht mein Unwille ist, weiter zu wachsen.

25

Der doppelte Spiegel
Jesaja 49,8–15; Johannes 5,17–30

Die angegebenen Verse aus Jesaja gehören zu den schönsten des ganzen Buches. Für manche sind die darin enthaltenen Bildworte Grund zur Annahme, der Zweite Jesaja (Jesaja 40–55) könnte eine Frau gewesen sein.

Die Ausdrucksweise ist so zartfühlend, dass sie eher an *Juliana von Norwich* oder *Thérèse von Lisieux* denken lässt als an einen bärtigen Propheten. Der Verfasser oder die Verfasserin fordert die Gefangenen auf, «herauszukommen», und nimmt jenen, die im Finstern sitzen, die Angst, «sich zu zeigen». Am Ende haben wir tatsächlich das Gefühl, von Gott gehalten zu werden wie von einer Mutter, die sich zärtlich an das Kind erinnert, das sie einst in ihrem Bauch getragen hat. Wie in den Bibellesungen zum vierten Fastensonntag begegnen uns also auch hier heilende Bilder.

Dies setzt sich auch im Johannesevangelium fort. Hier haben wir gleich mehrere Beispiele für Spiegelungen, wobei eine von ihnen falsch ist, wie eindringlich gewarnt wird: Zum einen fühlt sich Jesus selbst von Gott gespiegelt: «Mein Vater wirkt bis jetzt und auch ich wirke.» Er wagt es sogar, «Gott seinen Vater zu nennen» und sich ihm «gleichzustellen», womit er die religiöse Obrigkeit zutiefst verärgert. Zum anderen haben wir «den Sohn», der uns, die Leser, spiegelt und «lebendig macht, wen er will». Er ist der doppelte Spiegel, der sozusagen in beide Richtungen gerichtet ist. Und schließlich haben wir Gott, der es ablehnt, uns auf negative Weise zu spiegeln: «Der Vater richtet … niemand». Der Sohn gibt dies weiter und macht es dem Leser möglich, «nicht ins Gericht» zu kommen, sondern schon jetzt «aus dem Tod ins Leben» hinüberzugehen. Die Botschaft hat ihr Ziel und ihren Spiegel erreicht. Das verwandelnde Abbild wurde an uns weitergegeben, und von nun an dürfen wir nicht mehr richten, weil auch über uns nicht gerichtet worden ist.

Ich weiß, dass der Text mehrere Abschnitte enthält, in denen uns scheinbar mit Gericht oder Verdammnis gedroht wird, und unglücklicherweise sind es genau diese Worte, die den Ängstlichen unter uns ins Auge springen und im Gedächtnis bleiben. Doch wenn Sie den Text im Zusammenhang lesen und dabei an das ursprüngliche und positive Spiegeln Gottes denken, bei dem Jesus als zwischengeschalteter doppelte Spiegel dient («den Sohn ehren» bedeutet, das von ihm weitergegebene göttliche Bild zu empfangen), werden Sie erkennen, dass nur eines wirklich zählt: Wenn wir ehrlich in den vollkommenen und mitfühlenden göttlichen Spiegel blicken, der durch Jesus, den Sohn, für uns gespiegelt wird, *ist jeder sein eigener wahrer Richter und bester Freund.* (Ein kleiner Tipp: Setzen Sie jedes Mal, wenn Sie in der Bibel das Wort «Gericht» lesen, das Wort «Spiegel» ein, und Sie werden der Wahrheit um einiges näherkommen.)

Denn er leitet sie voll Erbarmen und führt sie zu den Wasserquellen. ... Vergisst wohl eine Frau das Kind, das sie nährt? Hört sie auf, ihren leiblichen Sohn zu lieben? Und wenn sie es vergäße, ich vergesse dich nicht.

Jesaja 49,10.15

Ich kann nichts aus mir selbst tun. Wie ich höre, richte ich, und mein Gericht ist gerecht. Denn ich suche nicht meinen Willen, sondern den Willen dessen, der mich gesandt hat.

Johannes 5,30

Einladung zum Gebet

Gott des Gerichts, das ich einst fürchtete, du bist mir jetzt so nah wie eine Mutter. Wie ein Kind an der Brust erfreue ich mich in deinem eigenen Freude bringenden und freudvollen Angesicht.

26

Im kosmischen Gerichtssaal

Exodus 32,7–14; Johannes 5,31–47

In den beiden heutigen Textstellen wird die «Realität» vor Gericht gestellt, und in beiden Fällen geht die Realität/Gott als Sieger hervor. Im Buch Exodus, direkt nach der Episode mit dem Goldenen Kalb, zieht Jhwh das Volk Israel zur Rechenschaft, und Mose fungiert als sein Anwalt und Verteidiger. Er erinnert Gott an ihre gemeinsame Geschichte und fordert ihn quasi dazu auf, sich selbst und seinen Versprechen treu zu bleiben. Jhwh lenkt schließlich ein, nachdem er am Anfang seiner Tirade noch zu Mose gesagt hat: Es ist «dein Volk»! Die Szene erinnert ein wenig an einen verärgerten Vater, der mit seinen Kindern herumstreitet!

Das Wunderbare an solchen Texten der Hebräischen Bibel ist, dass Gott als «in Beziehung» dargestellt wird, er lässt sich beeinflussen, ja verändern – ein Gott, der gibt und nimmt. Daraus entwickelte sich das «personale» Gottesverständnis, das die jüdisch-christliche Tradition bis heute beibehalten hat. Es bildet die Grundlage für Liebe, Freiheit und wahre Beziehungen, wozu der Glaube an unabwendbares Schicksal und unveränderliche Gesetze nicht in der Lage wäre. Das Geheimnis biblischen Betens ist es, dass ich mir immer vor Augen führe, wie Gott seinem Namen, seiner Identität und den Mustern seiner Güte, die er in der Vergangenheit gezeigt hat, treu bleibt, anstatt dass ich nur darum bettle, Gott solle sich an die aktuellen Bedürfnisse meines Egos anpassen. Mehr als alles andere sucht, schafft und bewahrt Gebet Beziehung – was immer sowohl Geben als auch Empfangen bedeutet. Hier geht es aber in erster Linie um Empfangen.

Der Abschnitt aus dem Johannesevangelium ist etwas mühsam zu lesen, aber deshalb nicht minder bedeutsam. Jesus sitzt vor den religiösen Autoritäten auf der Anklagebank und muss sich weitgehend selbst verteidigen. Mose ist nicht da, um diese Aufgabe für ihn zu übernehmen. Als Erstes ruft er Johannes den Täufer als seinen Hauptzeugen auf. Dann verweist er auf «die Werke, die ich tue», als geeignetes Beweismittel, dann auf Gott den Vater, dessen «Stimme» sie nicht gehört haben, dann auf ihre eigenen Schriften, von denen sie meinen, «in ihnen ewiges Leben zu haben», und schließlich sagt Jesus, dass Mose ihr Ankläger sei, da sie auch ihm keinen Glauben schenken. Man könnte meinen, Jesu Rede bedeute eine Niederlage für alle Anhänger einer unehrlichen Religion, denn er schlägt sie mit ihren eigenen Waffen. Doch trotzdem funktioniert es nicht.

In den Versen 41–44 finden wir Jesu Erklärung für ihre Blindheit. Jesus zeigt hier auf, dass sie – wie es der französische Philosoph *René Girard* ausdrücken würde – in einer «mimetischen Rivalität» gefangen sind, das heißt, in der menschlichen Welt des Vergleichs, des Wettbewerbs und der Nachahmung. Doch innerhalb dieser blinden und inzestuösen Schleife des gegenseitigen Beifallklatschens und Schulterklopfens werden wir Gott niemals begegnen. Große spirituelle Wahrheiten können immer nur auf «vertikalem» Weg zu uns gelangen, nicht aber durch das horizontale Wissen des immer faulen und ängstlichen Kollektivs, das sich für gewöhnlich noch in der Bewusstseinslage der ersten Lebenshälfte befindet. «Was jeder sagt und denkt» ist hier Norm und Standard, und Massenbewusstsein und Gruppenzwang ersetzen eine wahre und notwendige Begegnung mit dem Heiligen.

Jesus spricht sich in dieser Gerichtssaalszene selbst frei, indem er die Messlatte höher legt und den Unwillen seiner Ankläger aufdeckt, ihre eigenen Zeugen und ihre eigenen internen Beweismittel ehrlich einzusetzen. Er trägt einen klaren Sieg davon, aber es ist niemand da, der ihm gratulieren könnte. Jesus ist ein Mann der spirituellen Reife («der zweiten Lebenshälfte»), der sich vor ein Gericht der religiösen Unreife («der ersten Lebenshälfte») gestellt sieht.

Ehre von Menschen nehme nicht an. … Wie könnt ihr glauben, die ihr Ehre voneinander annehmt, die Ehre jedoch, die vom alleinigen Gott kommt, nicht sucht?

Johannes 5,41.44

Einladung zum Gebet

Gerechter Gott, wenn du der Richter bist, dann will ich deine Zeugen, deine Beweise und deine Urteile bereitwillig annehmen. Denn ich weiß: Dein einziges Kriterium ist es, dir selbst treu zu bleiben. Du bist unendliche Liebe und Gnade.

27

Die Dämonisierung
der bedrohlichen «Anderen»

Weisheit 2,1a.12–22; Johannes 7,1–2.10.25–30

Vielleicht haben Sie schon einmal eine der Studien darüber gelesen, wie sich die Regeln der Konversation ändern, sobald eine Gruppe beschlossen hat, sich von anderen abzugrenzen. Wir tendieren dazu, den anderen das Schlimmste zu unterstellen. Schnell macht sich Paranoia breit, die ersten Verschwörungstheorien tauchen auf, und die anderen werden zum Freiwild für die Kommentatoren. Nachdem wir uns entschieden haben, der Gruppe zu misstrauen, suchen wir an allen erdenklichen Orten nach einer Rechtfertigung, sie zu fürchten, zu hassen oder sogar zu töten. Bald schon ist jeder defensive oder auch offensive Angriff gegen die anderen völlig rational erklärbar und gerechtfertigt. Es ist wirklich schwer, sich von einer solchen Atmosphäre der Unterstellung und üblen Nachrede nicht beeinflussen zu lassen. Das ist das traurige Muster der Menschheitsgeschichte.

Während die dramatischen Ereignisse der Karwoche nun immer näher rücken, begegnet uns in den heutigen Bibeltexten ebenjene Atmosphäre, von der ich oben gesprochen habe. Die spöttischen Verse aus dem Buch der Weisheit kommen den meisten Christen bekannt vor, denn sie bilden die Kulisse der Kreuzigungsszene: «Wenn er Gottes Sohn ist, wird Gott ihn beschützen.» Der ganze Abschnitt aus dem Buch der Weisheit ist eine Art angeberische Provokation, die den «Gerechten» dazu bringen soll, sich selbst zu beweisen. Man hat das Gefühl, als ob der Klassentyrann einen Mitschüler ärgerte, der schlauer, beliebter und vielleicht sogar reifer ist als er. Aus unerklärlichen Gründen fühlen sich ängstliche Menschen von allen in die Enge getrieben, die außerhalb ihres Bezugsrahmens stehen. Deshalb stellen alle eine ständige Bedrohung dar und müssen unbedingt außer Gefecht gesetzt werden.

Im Evangelium finden wir dasselbe Muster. Es ist wirklich unglaublich, dass selbst die religiösen Autoritäten keinen Hehl daraus machen, dass sie Jesus töten wollen, und auch das Volk weiß offen darüber Bescheid. Was ist nur aus der Religion geworden? Wenn Angst und üble Nachrede eine Gesellschaft beherrschen, sind Rachepläne meist ein offenes Geheimnis, selbst wenn es offiziell abgestritten wird. Es wird versucht, Jesus auf jede erdenkliche Weise zu diskreditieren, und selbst vor seiner Familie wird nicht Halt gemacht – ein Muster, das weit verbreitet ist. (*Wenn Sie statt der angegebenen Textstelle das komplette Kapitel 7 des Johannesevangeliums lesen, erhalten Sie einen noch besseren Eindruck von der Boshaftigkeit und den Intrigen.*)

Mehr und mehr wird Jesus von den anderen isoliert zur Zielscheibe des kommenden Angriffs, er reist «im Verborgenen». Man kann seine Einsamkeit und Qual förmlich spüren. Alles, was er tun kann, ist, sich auf seine wahre

Herkunft zu berufen – doch damit stößt er nur auf taube Ohren. In diesen Tagen sind wir dazu eingeladen, am Leiden Jesu teilzuhaben, und an der Einsamkeit und Angst all jener, die seit Anbeginn der Zeit gehasst und verfolgt wurden und werden.

Lasst uns dem Gerechten nachstellen, denn er ist uns im Weg. Er tritt unserem Treiben entgegen. … Er ist ein lebendiger Vorwurf unserer Gesinnung; schon sein Anblick ist uns lästig.

Weisheit 2,12.14

Jesus wollte nicht in Judäa umherziehen, weil die [führenden Männer der] Juden ihm nach dem Leben trachteten. … Da sagten einige von den Leuten aus Jerusalem: Ist das nicht der, den sie töten wollen?

Johannes 7,1.25

Einladung zum Gebet

Gott der liebevollen Wahrheit, bewahre mich vor der Welt der üblen Nachrede und Anklage. Lass nicht zu, dass ich andere «töte», weder in meinem Geist noch in meinem Herzen.

28

Das Ende aller Konflikte durch Berufung auf Autorität

Jeremia 11,18–20; Johannes 7,40–53

Die letzte Woche der Fastenzeit steht kurz bevor, und die Schlinge zieht sich immer enger. Wenn sich Angst und Unsicherheit breitmachen, wissen Menschen oft nicht mehr, wie sie einen Zugang zu ihrer Seele finden, sich ins Gebet vertiefen oder nach ihren besten Instinkten handeln können. An diesem Punkt scheint es am einfachsten und tröstlichsten, sich auf einen Bibelvers, eine Autorität oder einen Rechtsgrundsatz zu stützen. Dann verschwindet die Angst ziemlich schnell. Fundamentalisten sind Menschen, die mehr als alles andere davon überzeugt sind, *dass alle Probleme gelöst werden können, indem man sich auf eine Autorität beruft.* Für sie ist kein inneres Leben, kein Unterwegssein im Glauben, keine echte Erfahrung nötig – kann doch ein anderer meine Hausaufgaben erledigen! «Ich muss keine Verantwortung für mein Leben übernehmen, ein höherer wird es für mich tun», scheint ihr Credo zu sein.

Im Evangelium tritt dieses Thema deutlicher zutage als bei Jeremia. Obwohl sie sehr berührend ist, zeigt die angegebene Bibelstelle den Propheten in einem Augenblick, in dem er wieder nach gerechter und göttlicher Rache strebt. Wir sind dessen so müde, aber vielleicht würde ich nicht anders reagieren, wenn man mich so wie Jeremia angreifen würde.

Im heutigen Evangelium geht es ausschließlich um die Frage der Autorität und Loyalität: Wem gilt deine Loyalität? Wem folgst du nach oder glaubst du? Welche Schrift ist die richtige? Welche ist die richtige Auslegung der Schrift? Welche Gruppe vertrittst du? Bist du uns oder Galiläa gegenüber loyal? Alles dreht sich um Prüfungen der Loyalität und die Bestätigung meiner Ängste und Zweifel. Man möchte weinen angesichts dieser Art von menschlicher Blindheit und Vorurteilen, und traurigerweise haben sich diese Muster weder in der Politik noch in der Religion oder Kultur bis heute geändert.

Jeder geht selbstgefällig und ignorant «*nach Hause*», wie der Abschnitt traurig schließt: «Belästige mich nicht mit größerer Weisheit, ich habe meine eigene kleine Wahrheit», scheinen sie zu sagen. Es wäre schön, wenn es tatsächlich so einfach wäre. Keiner von ihnen muss jetzt noch lesen oder sehen, was direkt vor ihren Augen ist, denn sie verstecken sich alle in ihren Häusern und zitieren ihre eigenen Autoritäten.

Lesen Sie nun den ganzen Evangeliumstext, doch schenken Sie dem «Text», der heutzutage direkt vor unseren Augen steht, noch mehr Aufmerksamkeit: den Mustern der Regenbogenpresse und der Gerüchte und Vorurteile, die durch Verdrehen der Wahrheit oder durch Sarkasmus entstehen. Genau das sind die Dinge, die der Welt, in der wir leben, ihre Form geben.

Ist denn einer von den Mitgliedern des Hohen Rates zum Glauben an ihn gekommen oder von den Pharisäern? Aber dieses Volk, das das Gesetz nicht kennt – verflucht ist es. ... Dann gingen alle nach Hause.

Johannes 7,48–49.53

Einladung zum Gebet

Gott aller Autorität, ich setze mein Vertrauen in dich, auch wenn das in dieser Welt oft bedeutet, einsam und ohne Rückhalt zu sein.

Fünfter Fastensonntag

Was ist Leben und was ist Tod?

Johannes 11,1–45

Der Mensch ist das einzige Geschöpf, das um seinen eigenen Tod weiß. Je älter wir werden, desto mehr Raum nimmt dieses Bewusstsein ein. Alles andere – Tiere, Pflanzen und der Kreislauf der Natur selbst – scheint im Einklang mit dem Muster der Sterblichkeit zu leben und sich ihm zu unterwerfen. Das Wissen um den Tod versetzt den Menschen schon in den frühesten Jahren in einen Zustand der Angst und Unsicherheit. Auf irgendeiner Ebene wissen wir, dass das, was auch immer wir leben, nicht von Dauer sein wird. Das ändert alles, vielleicht sogar mehr, als es uns tatsächlich bewusst ist. Das bisschen Bewusstsein, das wir haben, bringt uns deshalb dazu, die Bewusstlosigkeit zu wählen. Es schmerzt zu sehr, uns damit zu beschäftigen.

An diesem letzten Sonntag vor dem Palmsonntag wagen wir es, unserem «letzten Feind» ins Auge zu blicken – dem Tod. Es gibt nur einen einzigen Weg, auf dem wir es wagen können, den Vorhang zu heben und den Tod zu betrachten: Wir lassen uns von unserer eigenen Auferstehung erzählen! Ich nehme an, uns ist allen klar, dass Lazarus trotzdem irgendwann starb. Vielleicht war es zehn, vielleicht zwanzig

Jahre später, aber es ist anzunehmen, dass es irgendwann geschah. Was will uns dieses letzte dramatische «Zeichen», bevor sich Jesus auf den Weg zu seinem eigenen Tod begibt, dann sagen?

Einen wichtigen Hinweis finden wir kurz vor der eigentlichen Handlung. Die Jünger versuchen Jesus davon abzuhalten, wieder nach Judäa zu gehen, da es dort zu gefährlich für ihn sei. Doch Jesus antwortet ruhig: «Hat der Tag nicht zwölf Stunden? Wenn einer bei Tag umhergeht, stößt er sich nicht, weil er das Licht der Welt sieht.» Jesus weigert sich, die Dunkelheit und den Tod zu fürchten. Rasch fügt er hinzu: «Unser Freund Lazarus schläft. Aber ich gehe hin, um ihn aufzuwecken» (Johannes 11,9–11).

Jene, die die zwölf Stunden in Anspruch nehmen, die das Licht der Welt sehen, haben angefangen, das Muster zu erkennen. Wie die meisten weisen Menschen lassen sie sich «von der Natur lehren». Ja, die anderen Stunden der Dunkelheit, die als Metapher für den Tod stehen, werden kommen – doch nun wissen wir, dass er nicht von Dauer sein wird. Er ist nur ein Teil, aber nicht das ganze Leben – so wie der Tag selbst zwölf Stunden dauert und die Nacht die anderen zwölf Stunden einnimmt, sind es zwei Seiten des einen Geheimnisses des Lebens. Jesu Aufgabe ist es schlicht, uns zu dieser Erkenntnis «aufzuwecken», so wie er es mit Lazarus und seinen Zuschauern tat. Wenn man einmal zur universalen Wahrheit erwacht ist, ist der Tod kein Feind mehr, den wir fürchten müssen. «Glaubst du das?», fragt er (11,26).

Und dann, im großartigen Finale der Geschichte, *lädt Jesus die Zuschauer dazu ein, selbst am Vollbringen der Auf-*

erweckung teilzunehmen: «Hebt den Stein weg! … Macht ihn frei und lasst ihn gehen!» Offensichtlich spielen wir alle eine Rolle, wenn es darum geht, eine Kultur des Lebens und der Auferstehung zu erschaffen. Wir müssen uns gegenseitig die Fesseln unserer Ängste und Zweifel über den letzten Feind, den Tod, lösen. Wir müssen jetzt «das Licht der Welt sehen» und auch anderen die Augen dafür öffnen – durch die Art, wie wir unser Leben führen. Der Stein, der gehoben werden muss, ist immer unsere Angst vor dem Tod, vor der Endgültigkeit des Todes, jede Blindheit, die uns daran hindert zu erkennen, dass der Tod lediglich ein Teil des größeren Geheimnisses ist, das Leben heißt. Der Tod hat nicht das letzte Wort.

Diese Krankheit führt nicht zum Tod, sondern dient der Verherrlichung Gottes. … [Jesus] geriet … in zornige Erregung. … Jesus sagte: Hebt den Stein weg! … Lazarus, komm heraus! … Macht ihn frei und lasst ihn gehen!

Johannes 11,4.33.38.43–44

Einladung zum Gebet

Guter Gott, Schöpfer des Lichts und der Dunkelheit, du, der du die Sonne und Sterne leitest, leite uns an einen Ort des Lichts, ein Licht so groß, dass alle Dunkelheit sich darin auflöst.

29

Lust und Liebe

Daniel 13,1–9.15–17.19–30.33–62; Johannes 8,1–11

Im Priesterseminar übten die beiden für heute angegebenen Textstellen immer eine besondere Faszination auf uns Zölibatäre aus. Wir beobachteten, wie unsere Professoren sich vor Unbehagen wanden, während wir öffentlich in der Kirche von nackt badenden Frauen, astreinem Voyeurismus und alten Lüstlingen lasen, die glatte Lügen verbreiteten, um ihre Sünde zu verstecken und die unschuldige Susanna anzuschwärzen. «Holt mir Öl und Salbe», sagte Susanna zu den Mädchen, «und verschließt das Tor des Gartens, dass ich baden kann.» Sie hatte nicht die geringste Ahnung, dass zwei lüsterne alte Männer sich im Gebüsch versteckten.

Wer immer an diesem Tag als Gottesdienstleiter Dienst hatte, legte uns ausnahmslos nahe, nur die Kurzfassung der Textstelle vorzutragen. Also gingen wir nach dem Gottesdienst auf unsere Zimmer und lasen das komplette Kapitel 13 des Buches Daniel. Wir hatten Mitleid mit den armen Protestanten, die es aus ihrem offiziellen Kanon gestrichen hatten und es sogar als «apokryph» bezeichneten. Es war wirklich ein guter – schlimmer – Text!

Doch glücklicherweise folgte danach immer das wunderbare Evangelium über die untreue Ehefrau, die erwischt und doch befreit wird. Im Bibelunterricht erfuhren wir, dass diese Geschichte offensichtlich in das achte Kapitel des Johannesevangeliums «eingefügt» worden war, weil es weder mit dem vorhergegangenen noch mit dem folgenden Kapitel in Zusammenhang steht und in den frühen Handschriften nicht enthalten ist. Heute ist man sich darüber einig, dass es kanonisch ist und vielleicht aus einer anderen Stelle des Lukasevangeliums stammt. Wir können wirklich froh sein, dass die Geschichte zum offiziellen Bibeltext gehört, denn ihre Botschaft ist großartig und unverzichtbar.

Wenn es um Sex geht, sind die meisten von uns vor allem nur eines: nervös, verwirrt und von Schuldgefühlen geplagt. Es ist genau das, was *C. G. Jung* einen «Komplex» nennen würde – verschiedene Gedanken oder Bilder, die alle mächtige und unbewusste Energien in sich tragen, die in irrationale Richtungen fließen. Wenn uns ein Komplex im Griff hat, sind unsere Reaktionen immer merkwürdig und konfus, ganz gleich ob er übermäßig positiv oder negativ ist. Genau das wird in den heutigen Textstellen deutlich.

Kurz gesagt haben Menschen große Schwierigkeiten, zwischen Lust und wahrer Liebe zu unterscheiden, und die meisten Männer brauchen fast ihr ganzes Leben, bis sie den Unterschied erkannt haben. Genau solchen Männern begegnen wir heute sowohl bei Daniel als auch bei Johannes – und zwei Frauen, die darunter zu leiden haben. Obwohl man wohl ein Dutzend hilfreiche Predigten über das heutige Evangelium halten könnte, soll es genügen, nur eine

Zeile hervorzuheben. Es ist der wahrscheinlich meistzitierte Satz Jesu, den er hier zur Verteidigung der Frau vorbringt.

Doch wenn Sie mir noch eine weitere Interpretation erlauben: Ich persönlich denke, dass Jesus sich zum Boden beugte und schrieb (es ist das einzige Mal, dass wir Jesus etwas schreiben sehen), um den herausfordernden Blicken und erbarmungslosen Anschuldigungen der Männer zu entgehen. Er wollte, dass sie selbst die Verantwortung übernehmen. Seine Liebe war so gütig und umfassend, dass er selbst sie vor seinem verurteilenden Blick bewahren wollte: «Auch ich verurteile dich nicht», sagt er *sowohl zu der Frau als auch zu den Männern.* Hier haben wir ein weiteres Beispiel für seine wunderbaren «Lösungen auf drittem Weg».

Wer von euch ohne Sünde ist, werfe als Erster einen Stein auf sie. Dann bückte er sich wieder und schrieb auf die Erde.

Johannes 8,7–8

Einladung zum Gebet

Gott der Liebe, du hast die Liebe für unsere Erlösung so wichtig gemacht, dass du das Risiko eingegangen bist, dass unsere Liebe armselig bleibt – was für uns alle gilt. Bewahre uns davor, Steine auf andere zu werfen, sodass wir unsere eigenen unbeholfenen Versuche erkennen können, deine göttliche Liebe zu leben.

30

Spiritueller Impfstoff
Numeri 21,4–9; Johannes 8,21–30

J eder von uns kennt den Stab, um den sich eine Schlange windet: Der «Äskulapstab» steht rund um die Welt für den medizinischen Stand (in den USA begegnet häufig auch seine Variante, der «Hermesstab», ein geflügelter Stab mit zwei Schlangen). Der Äskulapstab war das Symbol des griechischen Gottes der Heilkunde, doch finden wir ihn auch im biblischen Buch Numeri (21,4–9). Das Symbol besteht aus einer oder zwei Schlangen, die sich um einen Stab winden, und man weiß nicht genau, ob die Griechen oder die Hebräer es zuerst verwendet haben. Sicher ist aber, dass seine Bedeutung eine universale Entdeckung war, die dem entspricht, was wir heute vielleicht als «Impfstoff» bezeichnen würden. Kurz gesagt: «Die Ursache ist gleichzeitig das Heilmittel!» Wer hätte das gedacht? Es scheint, als ob das Prinzip sowohl medizinisch als auch psychologisch angewendet werden könnte.

Auf jeden Fall lesen wir im Buch Numeri, wie Mose den aufgebrachten Hebräern in der Wüste eine solche Medizin verordnet, nachdem sie von Giftschlangen gebissen worden sind. Aus irgendeinem Grund weist Gott Mose an, eine Schlange aus Kupfer zu fertigen und sie an einer Stange zu befestigten. Wenn man bedenkt, dass das Anfertigen von Götzenbildern ja eigentlich verboten war, klingt das ziemlich ungewöhnlich. Doch Gott sagt zu Mose: «Jeder aber, der gebissen ist und sie anschaut, soll am Leben bleiben.» So seltsam es sich auch anhört, offensichtlich funktionierte es tatsächlich, denn die Hebräer wurden geheilt.

Das Heilungssymbol und seine Bedeutung begegnet uns im Johannesevangelium auf vielen Ebenen wieder, von denen jede sehr wichtig ist. Der immer wiederkehrende Ausdruck ist «der Erhöhte». Inzwischen ist er zum Schlagwort für Jesus geworden, wie er am Kreuz aufgerichtet wurde und uns so dagegen «geimpft» hat, selbst zu Kreuzigern zu werden (3,13 und 19,39). Der «erhöhte» Jesus wird der gesamten Menschheitsgeschichte als heilendes Symbol der Liebe angeboten (12,32) und schließlich als Siegeszeichen für die endgültige Auferstehung und Himmelfahrt aller Menschen, wie es im heutigen Evangelium über den archetypischen «Menschensohn» Jesus angekündigt wird (8,28).

Man kann hier tatsächlich – wie es bei allen Impfstoffen der Fall ist – von einem wirkungsvollen Mittel sprechen. Der gekreuzigte Jesus ist Gottes Impfplan, der mindestens drei Wirkungen hat: Er schützt uns erstens *gegen* das menschliche Verlangen, Sündenböcke zu schaffen oder zu töten. Er macht es zweitens möglich, dass wir uns von der allumfassenden und heilenden Liebe Gottes *anstecken* lassen. Und drittens bringt er uns der gegenseitigen Begegnung näher, durch die wir das große «ICH BIN» durch unser eigenes tiefstes «ich bin» erkennen.

In jedem Fall bekommen wir eine göttliche Medizin, die so niedrig, aber wirksam dosiert ist, dass wir sie vertragen

Dienstag der fünften Fastenwoche

und *sie uns verträgt*. Echte spirituelle Symbole funktionieren immer auf diese Weise. Erinnern Sie sich daran, was wir in der dritten Woche der Fastenzeit gesagt haben: Jeder direkte Kontakt mit Gott ist wie die Berührung mit einem Stromkabel – man verbrennt sich, wenn man nicht zumindest einige gute Filter und eine äußerst demütige Menschlichkeit hat, um mit der Berührung umgehen zu können.

Kein Wunder, dass so viele Katholiken und Orthodoxe nicht müde werden, Abbilder des gekreuzigten Jesus in ihren Häusern und Kirchen aufzuhängen. Genau wie Mose es damals in der Wüste tat, mussten wir das verwandelnde Bild «aufrichten» und zu ihm «aufblicken». Es hat unsere Geschichte und unser Leben verändert, und es kann und wird es auch weiterhin tun.

Ihr seid von unten, ich bin von oben. Ihr seid aus dieser Welt, ich bin nicht aus dieser Welt. … Da fragten sie ihn: Wer bist du denn? … Wenn ihr den Menschensohn erhöht habt, dann werdet ihr erkennen, dass ich es bin und nichts aus eigener Machtvollkommenheit tue.

Johannes 8,23.25.28

Einladung zum Gebet
Guter und göttlicher Arzt, ich brauche jede Medizin, die du mir geben möchtest. Gib mir, was ich vertrage, und bestimme du, wann ich was vertrage.

31

Feindselige Vorurteile zerstören alles

Daniel 3,14–20.91–92; Johannes 8,31–42

Jeder von uns hat es schon einmal erlebt: Wenn jemand beschlossen hat, uns nicht zu mögen, können wir tun, was wir wollen, es wird uns immer so negativ wie möglich ausgelegt werden. «Keine Chance», wie wir zu sagen pflegen. Wenn das Herz eines Menschen bereits verhärtet ist, könnte man Jesus selbst sein, und der andere würde einen trotzdem aus voller Überzeugung als falsch, minderwertig, gefährlich und ketzerisch bezeichnen. Genau das ist es, was in der Karwoche geschieht.

Wenn es erst einmal so weit ist, ist es völlig gleichgültig, was einem Böses angetan wird – die verhärteten und paranoiden Mitglieder des feindlichen Lagers werden es immer für rechtschaffen und lobenswert halten. «Er ist ein Terrorist!», sagen sie vielleicht und besitzen weder die Demut noch die Ehrlichkeit zuzugeben, dass derselbe Mensch von einer anderen Perspektive aus betrachtet (die sie für absolut falsch halten) wie ein aufopfernder und hingebungsvoller Freiheitskämpfer erscheinen könnte. Nun, genau darum geht es in den beiden heutigen Bibeltexten.

Im Buch Daniel sehen wir den alten König Nebukadnezzar, der «von Zorn erfüllt» ist, weil drei arme jüdische Jünglinge sich weigern, «das goldene Bild, das ich errichtet habe», anzubeten. Haben Sie das gehört? Wer hat die Statue vergoldet und aufgestellt? Kann es sein, dass es Nebukadnezzar selbst war? Welch treffende Metapher für Narzissmus in seiner absoluten, nicht mehr zu überbietenden Form. Die bedauernswerten jungen Männer Schadrach, Meschach und Abed-Nego stehen hier einem bereits nach außen und in sich geschlossenen System gegenüber. Nichts kann mehr in das Herz und den Kopf des Königs hineindringen, und nichts gelangt mehr hinaus. Es ist kein Wunder, dass er sie in den glühenden Ofen werfen muss. Für ihn gibt es keinen anderen Weg, seine «Wahrheit» beizubehalten, die man natürlich nicht im Geringsten als Wahrheit bezeichnen kann.

Das äußerst komplexe Evangelium des heutigen Tages lässt «die Juden» nicht gerade in einem guten Licht dastehen. Johannes musste hier um der Argumentation willen einen klaren Bösewicht etablieren, und sicherheitshalber wählte er dafür sein eigenes Volk. Es werden Behauptungen und Gegenbehauptungen über die Wahrheit, über Freiheit, Abstammung, Tradition, Mord und göttliche Unrechtmäßigkeit aufgestellt. Jesus schlägt sich gut, aber er hat keine Chance. Die Herzen seiner Widersacher sind schon vollständig verhärtet. Das ist in dieser archetypischen Geschichte aber keinesfalls eine Aussage über Juden, sondern viel mehr über die gesamte Menschheit. «Ich habe meine Schlüsse schon gezogen, belästige mich nicht mit irgendwelchen neuen Informationen, die mich dazu bringen könnten, mein Urteil zu ändern.»

Die meisten Christen würden nur sehr zögerlich zugeben, dass wir Jesus angesichts dieser Kriterien wahrscheinlich genauso abgelehnt hätten. «Das ist nicht unsere Tradition, er gehört nicht zu unserer Gruppe und er hat keine Referenzen!»

Wenn ihr in meinem Wort bleibt, … werdet ihr die Wahrheit erkennen und die Wahrheit wird euch frei machen. Sie antworteten ihm: Wir sind Nachkommen Abrahams und haben nie jemals irgendjemand als Sklaven gedient. Wie kannst du behaupten: Ihr werdet frei werden? Jesus erwiderte ihnen: Amen, amen, ich sage euch: Jeder der Sünde tut, ist Sklave der Sünde.

Johannes 8,31–35

Einladung zum Gebet

Gott der vollkommenen Freiheit, schaffe Raum in unserem Geist, in unserem Herzen und in unseren Erinnerungen, damit wir endlich anfangen können, frei zu sein. Lass mich nicht verhärten gegen irgendeines deiner Geschöpfe, damit ich ihre Wahrheit hören und respektieren kann.

32

Spiegelbilder der Herrlichkeit
Genesis 17,3–9; Johannes 8,51–59

In dem Abschnitt aus dem Buch Genesis werden wir Zeugen eines Treffens zwischen Jhwh und Abraham, als dieser einundneunzig Jahre alt ist. Es ist das dritte Mal, dass Jhwh seinen Ruf an Abraham wiederholt, und jedes Mal kommen ein paar neue Elemente zu ihrer Beziehung oder ihrem «Bund» hinzu. Es gibt jedoch eine Sache, die sich nicht ändert: Der Bund zwischen ihnen ist beidseitig, auch wenn die Beziehung ganz allein von Gottes Seite aus initiiert und angeboten wird. Jedes Mal wird ein bisschen mehr von Abraham verlangt: Zuerst soll er sein Land und seine Familie verlassen (Genesis 12,1–2), dann soll er Tieropfer darbringen (15,9–11) und – im heutigen Text – schließlich die Beschneidung einführen (17,9–14) und glauben, dass er bald einen Sohn bekommen wird (17,16 ff), worüber sowohl er als auch seine Frau Sara lachen!

Die Beziehung zwischen Gott und Mensch muss immer von beiden Seiten her ihren Anfang nehmen. Dies ist der einzige Weg, in den Boxring zu steigen. *Es ist der einzige Weg, uns lange genug an einem Ort zu halten, damit das Geben und Nehmen einer Beziehung beginnen kann.* Doch ist es nicht das letzte Ziel. Viele, wenn nicht die meisten, kommen nie über die Vorstellung von Religion als «Set von Anforderungen» hinaus. Welche Anforderungen stellt Ihnen Ihre Religion? Gilt diese Frage etwa nicht innerhalb Ihrer Glaubensgemeinschaft? Genau das ist die Frage des reichen jungen Mannes: «Was muss ich tun, um das ewige Leben zu erlangen?» Da alle menschlichen Beziehungen von beiden Seiten ausgehen (am wenigsten wohl die zwischen Eltern und Kind), neigen wir dazu, alle unsere Erfahrungen in dieser Weise zu strukturieren. In anderen Worten: Wir sind fast gänzlich unvorbereitet auf Gott! Außer wir wissen, wie perfekte Eltern ihr Kind zu lieben vermögen – nämlich einseitig.

Nach und nach, während die Hebräer immer wieder dem ursprünglichen Bund mit Abraham untreu werden, sehen wir, wie die Beziehung von Jhwhs Seite aus immer einseitiger wird. Das ist wirklich großartig! Gott erledigt alles, egal, ob und wann wir kooperieren. Ich würde es selbst nicht glauben, wenn ich nicht um die späteren Bündnisse mit Noach und David und natürlich um den von Jeremia prophezeiten und schließlich von uns so bezeichneten «Neuen Bund» mit Jesus wüsste. Jedes Mal sagt Gott tatsächlich: *«Ich kann euch ebenso gut auch an dem großen Geheimnis teilhaben lassen, ich mache ja sowieso alles!»* Jesus wird zum lebenden Symbol dieses neuen und ewigen Bundes, bei dem Gott allein für das Lieben zuständig ist und wir allein für das Empfangen. Genau dies wird symbolisiert, wenn der Priester uns den Kelch reicht – und dabei die Worte spricht: «Das ist der Kelch des neuen und ewigen Bundes, mein Blut für euch».

Damit haben wir nun die Grundlage und den Hintergrund geschaffen, um das heutige Evangelium zu lesen. Jesus selbst steht in rechter Beziehung zu seinem Vater und empfängt all seine «Herrlichkeit» von ihm. Diese Herrlichkeit ist ganz und gar Widerspiegelung der Herrlichkeit Gottes und ist deshalb unerschütterlich, dauerhaft, unendlich und stammt aus einer einzigen Quelle. Genau das ist das «ewige Leben», von dem Jesus hier spricht und von dem er uns sagt, dass auch wir Anteil daran haben können. Wir sehen hier also die Abfolge: Jesus spiegelt Gottes Herrlichkeit, die er vom Vater empfangen hat, auf vollkommene Weise wider, dann werden wir eingeladen, dieselbe Herrlichkeit, die von Jesus widergespiegelt wird, zu empfangen und selbst widerzuspiegeln. *Unsere Herrlichkeit ist ein Widerschein, den wir empfangen, eine uns geschenkte angeborene Herrlichkeit, eine einseitige Gabe von Gott.* (Vergessen Sie nicht, wir sprechen hier nicht über geistiges oder moralisches Würdigsein, sondern von metaphysischer Identität, von unserem wahren Selbst, das unser von Gott gegebenes «Geburtsrecht» ist.) Wir Menschen sind nie ein Ganzes, sondern wir empfangen Identität als Gabe und können nach und nach immer besser unsere göttliche Identität in Gott selbst widerspiegeln.

Das ist das wunderbare ICH BIN, das Jesus am Ende des heutigen Evangeliums (Johannes 8,58) geltend macht. Und doch weigern sich seine Gegner auch weiterhin, es in sich selbst oder ihm zu erkennen und «werfen Steine nach ihm». Das ist nicht nur ein Ausdruck ihres Hasses gegen Jesus, sondern gleichzeitig auch ihres eigenen Selbsthasses.

Lesen Sie den folgenden Abschnitt, der so zentral und wichtig für unser Verständnis ist, dass ich meine Kommentare in den Text eingefügt habe:

Wenn ich mich selbst verherrliche, bedeutet diese Herrlichkeit nichts [Das ewige Leben wird nicht von uns selbst hervorgebracht]. Mein Vater ist es, der mich verherrlicht, er, von dem ihr sagt: Er ist unser Gott [«Ihr bestätigt ihn nur mit Worten»]. Doch ihr habt ihn nicht erkannt [«Ihr lasst den Widerschein von Gottes Herrlichkeit in euch selbst nicht zu noch vertraut ihr ihm»]. Ich aber kenne ihn [«Ich lasse den Widerschein voll und ganz zu und glaube an ihn»]. Und wenn ich sagen würde: Ich kenne ihn nicht, so wäre ich ein Lügner wie ihr [Jesus ist an dieser Stelle nicht boshaft. Er meint damit, dass sie eine *Unwahrheit* sagen, wenn sie ihre göttliche Identität verleugnen. Schon jetzt *kennen* wir ihn, spiegeln ihn wider und haben sogar das ewige Leben, aber wir weigern uns, es zu sehen, und in diesem Sinne sind wir alle «Lügner»].

Johannes 8,51.52–55

Einladung zum Gebet

Mein Gott, das zu wissen ändert alles. Lass es wahr werden für mich. Lass mich sehen, was du siehst. Hilf mir zu erkennen, dass ich, dass wir alle Spiegelbilder der ewigen Herrlichkeit sind.

33

Worte sind zwangsläufig dualistisch,
Erfahrungen sind immer «nicht-dual»

Jeremia 20,10–13; Johannes 10,31–42

Die beiden parallelen Textstellen aus Jeremia und Johannes bieten mir die Gelegenheit darzulegen, was für mich zu den besten Seiten der Religion gehört, gleichzeitig aber auch dazu führt, dass religiöse Menschen ihre schlimmsten Fehler begehen. Wir alle verwechseln Worte mit der Realität. Immer noch geschieht das auch unter jenen Menschen, die glauben, dass in Jesus «das Wort Fleisch geworden ist» und unter uns lebt. Wir *sollten* es wirklich besser wissen!

In der ersten Textstelle aus dem Buch Jeremia begegnen wir dem zögerlichen Propheten in einem Augenblick wahrer Paranoia: «Alle meine Vertrauten warten auf einen Fehltritt von mir: Vielleicht lässt er sich verleiten, dann gewinnen wir Macht über ihn und nehmen Rache an ihm!» Wenn Sie weiterlesen, werden Sie sehen, dass Jeremia selbst bald kaum besser ist als seine Gegner. Er bittet Gott, Rache an ihnen zu üben, «unvergessliche Schande» über sie zu bringen und verlangt sogar, es «sehen» zur dürfen. Dieser Text ist weder tief inspiriert noch inspirierend, sondern spricht durch und durch von Angst, Selbstgerechtigkeit und Rache im Namen Gottes. Jeremia wird zu dem, was er an anderen hasst und fürchtet.

Auch Jesus wird im Evangelium angegriffen, er steht sogar kurz davor, gesteinigt zu werden, weil er «sich zu Gott macht». Doch anstatt diese Behauptung zu verleugnen, lädt er seine Angreifer dazu ein, dieselbe Erfahrung zu machen, indem er Psalm 82,6 zitiert: «Steht nicht in eurem Gesetz geschrieben: Ich habe gesagt: Götter seid ihr? Wenn er jene, an die das Wort Gottes ergangen ist, Götter genannt hat und die Schrift doch nicht ihre Geltung verlieren kann, wollt ihr dann zu dem, den der Vater geheiligt und in die Welt gesandt hat, sagen: Du lästerst?» Es ist wirklich eine gewagte, nicht-dualistische Aussage, die Jesus hier kundtut! Er ruft ihnen einfach sein eigenes Einssein mit Gott entgegen und lädt sie dazu ein, dieselbe Erfahrung zu machen: «Ich bin im Vater und der Vater ist in mir», sagt er, während er für alle sichtbar vor ihnen steht, nachweislich ein menschliches Wesen, genau wie sie! «Ja, ich mache es geltend, aber wir alle können das!», will er offenbar damit sagen. Die Einladung ist so klar und überwältigend, aber aus irgendeinem Grund kann sie nicht durch Worte vernommen werden. Es ist, wortwörtlich, zu schön um wahr zu sein. Es kann nur erfahren werden. Also versuchen sie, «ihn zu verhaften», so wie die Christen im Lauf ihrer Geschichte fast immer alles «verhaftet», gefürchtet und abgelehnt haben, was ein tatsächliches Einssein mit Gott bezeugte.

Die Juden antworteten ihm: Nicht wegen eines guten Werkes wollen wir dich steinigen, sondern wegen Lästerung: weil du, der du ein Mensch bist, dich zu Gott machst. ... Wollt ihr dann zu dem, den der Vater geheiligt und in die Welt gesandt hat, sagen: Du lästerst – weil ich gesagt habe: Ich bin Gottes Sohn?

Johannes 10,33.36

Einladung zum Gebet

Guter und großzügiger Gott, warum machen wir es dir so schwer, dich selbst zu verschenken? Du möchtest dich selbst, deine göttliche Natur mit uns teilen, aber wir lassen es einfach nicht zu.

34

Wahre und falsche Einheit

Ezechiel 37,21–28; Johannes 11,45–56

Die beiden heute vorgesehenen Bibeltextstellen bieten uns eine gute Gelegenheit, über ein sehr wichtiges spirituelles Thema zu sprechen: Es gibt einen guten Weg, Einheit zu schaffen, und einen schlechten.

In der ersten Textstelle aus dem Buch Ezechiel trägt Jhwh dem Propheten auf, ein Ritual auszuführen, das das nachahmt, was Gott zu tun beabsichtigt. Kurz zuvor hat er Ezechiel dazu aufgefordert, zwei Stöcke zu nehmen und auf den einen zu schreiben: «Juda und seine Verbündeten», und auf den anderen: «Josef, Holz Efraims, und seine Verbündeten» (Ezechiel 37,16). Dabei handelt es sich natürlich um die beiden Königreiche Israels, und Jhwh sagt zu Ezechiel: «Die Hölzer, auf die du geschrieben hast, sollen vor ihren Augen in deiner Hand sein» (37,20). Damit meint er: Füge die beiden Loyalitätssysteme zu einer größeren Einheit zusammen. Heute würden wir wahrscheinlich «positives Abbilden» dazu sagen.

Unser Text setzt genau an dieser Stelle ein, und Jhwh verspricht, die beiden Königreiche zu einem einzigen zu «sammeln», sie zu «erretten», sie «rein zu machen» und einen «Friedensbund» mit ihnen zu schließen. «Meine Wohnung wird bei ihnen sein; ich werde ihr Gott sein und sie werden mein Volk sein» (37,26–27). Ein großartiger Abschnitt, der uns zeigt, wie Gott vereint: durch die positive Kraft der «Liebe», indem er sich als «Hirte» zeigt und die göttliche Gegenwart in ihrer Mitte und unter ihnen offenbart. Das ist der gute Weg – Gottes Weg –, um Einheit zu schaffen.

Passend zur Karwoche, die morgen beginnt, lernen wir im Evangelium den Weg kennen, den Kulturen viel häufiger benutzen, wenn es darum geht, Einheit zu schaffen. *René Girard* nennt es «sich in negativer Einmütigkeit um einen Einzelnen sammeln». Um eine Einheit zu bilden, kann man sich entweder um die Liebe sammeln oder aber um Angst, üble Nachrede, Paranoia und Negativität, die für gewöhnlich durch ein Thema oder eine Person symbolisiert werden. Ich fürchte, dass Letzteres weitaus häufiger der Fall ist. Es ist effizienter und schließt Gruppen viel schneller und enger zusammen, als es die Liebe vermag. Ich wünschte, es wäre anders.

In unserem Fall lautet die Parole, Jesus zu töten. Er ist der «eine», um den seine Gegner zu einer «Einheit» werden können. Im Namen dessen, was wir heute «nationale Sicherheit» nennen würden, werden sie dabei von Kajaphas, dem Hohepriester, unterstützt (siehe Johannes 11,48–50) – und wie immer funktioniert es. Die Bühne für die Karwoche ist nun bereitet. Der Sündenbock, der dazu dient, eine Einheit zu schaffen, ist ausgewählt. Jesu Widersacher ahnen nicht, dass sich die Geburt einer anderen, viel tieferen Einheit anbahnt, die bis zum heutigen Tag fortbesteht. Es gibt zwar immer noch zwei Wege, sich zu versammeln: den Weg der Angst und des Hasses und den Weg der Liebe. Doch wir brauchen uns nicht mehr zu fürchten, denn Jesus «versammelt» immer noch. Gottes immer gültige «Stellenbeschreibung», so scheint es, ist durch die beiden Stöcke Ezechiels dargestellt: Gott macht immer und ewig aus zweien eins.

Ihr bedenkt nicht, dass es besser für euch ist, wenn ein einziger Mensch für das Volk stirbt und nicht das ganze Volk zugrunde geht. Das sagte er aber nicht aus sich heraus, sondern als Hoherpriester jenes Jahres weissagte er, dass Jesus für das Volk sterben werde und nicht für das Volk allein, sondern auch, um die zerstreuten Kinder Gottes zur Einheit zusammenzuführen.

Johannes 11,50–52

Einladung zum Gebet

Jesus, unser Sündenbock, für immer zeigst du uns am Kreuz das Grundproblem der Menschen und die göttliche Lösung. Hilf mir, Teil deiner Lösung zu sein und nicht länger Sündenböcke zu schaffen und zu verfolgen. Ich weiß nun, dass es genauso auch du sein könntest, den ich dabei töte.

Palmsonntag

Zunehmen und Abnehmen

Philipper 2,6–11

Wenn man die Vielzahl der Themen betrachtet, die in den von der Leseordnung für Palmsonntag vorgesehenen Bibeltexten angesprochen werden, kann es leicht geschehen, dass man sich verunsichert fühlt und nicht weiß, worauf man tiefer achten sollte: Auf der Liste stehen eine komplette Passionserzählung, eine Evangeliumslesung vom Einzug Jesu in Jerusalem und zwei zentrale Textstellen aus Jesaja 50 und Philipper 2. *In den meisten Fällen ist weniger mehr, wenn es darum geht, auf dem geistigen Weg weiter vorzudringen. Deshalb hoffe ich, dass Sie damit einverstanden sind, wenn wir uns im Folgenden mit nur einer Textstelle beschäftigen.*

Ich möchte Ihre Aufmerksamkeit direkt auf den großartigen Entwicklungsbogen lenken, der in Philipper 2 beschrieben wird. Viele sind der Meinung, dass die Verse ursprünglich ein Loblied waren, das in der frühen christlichen Gemeinde gesungen wurde. In jedem Fall handelt sich aber um einen Text, der auf vielen Ebenen zutiefst inspiriert ist. Um uns den Zugang zu diesen tiefgründigen Worten zu erleichtern, möchte ich zunächst einen Text aus *C. G. Jungs*

«Psychologischen Betrachtungen» anführen, der das Potenzial hat, unser Leben zu verändern:

Denn das, was in der geheimen Stunde des Lebensmittags geschieht, ist die Umkehr der Parabel, die Geburt des Todes. Das Leben der zweiten Lebenshälfte heißt nicht Aufstieg, Entfaltung, Vermehrung, Lebensüberschwang, sondern Tod, denn sein Ziel ist das Ende. Seine Lebenshöhe-nicht-Wollen ist dasselbe wie Sein-Ende-nicht-Wollen. Beides ist: Nicht-leben-Wollen. Nicht-leben-Wollen ist gleichbedeutend wie Nicht-sterben-Wollen. Werden und Vergehen ist dieselbe Kurve.*

In kunstvollen, aufrichtigen, aber zugleich mutigen Worten beschreibt das Loblied im Philipperbrief diese «heimliche Stunde», in der Gott in Christus den Bogen umgekehrt hat, in dem aus Zunehmen Abnehmen wurde. Im Text heißt es, dass diese Bewegung mit der großen Entäußerung oder *kenosis,* die wir die Menschwerdung in Betlehem nennen, begann und mit der Kreuzigung in Jerusalem endet. Auf staunenswerte Weise werden die beiden Geheimnisse zu einer Bewegung verbunden, die immer tiefer und tiefer nach unten führt: von der Fleischwerdung in der Schöpfung in die Tiefen und die Traurigkeit des Menschsein hinein bis schließlich – am Kreuz – zur letzten Identifikation mit jenen, die ganz am Boden liegen («nahm Knechtsgestalt an»). In Jesus zeigt sich, dass Gott unserer menschlichen Situa-

* Aus: C. G. Jung, «Seele und Tod», in: ders., Gesammelte Werke 8: Die Dynamik des Unbewußten, ⁷2000, S. 447. © 1985 Walter-Verlag AG, Olten. © 2007 Stiftung der Werke von C. G. Jung, Zürich.

tion absolut solidarisch gegenübersteht, ja sie sogar liebt. Es ist, als würde er sagen: «Es gibt nichts Menschliches, das mir verhasst wäre.» Wenn Jesus Recht hat, dann hat Gott beschlossen, hinunterzusteigen – wie als Gegenbild zu uns Menschen, die immer versuchen, nach oben zu klettern, etwas zu erreichen und sich selbst zu beweisen. Er lädt uns dazu ein, es ihm gleichzutun und den Prozess umzukehren.

Das Lied sagt uns, dass Jesus den Aufstieg Gott überlässt, alles geschieht nach Gottes Plan und zu Gottes Zeit. Welche Freiheit! Und das, was dann geschieht, ist besser als alles, was man sich hätte vorstellen können. «Darum hat Gott ihn erhöht und ihm den Namen gegeben, der über alle Namen ist.» Wir sagen dazu Auferstehung oder Himmelfahrt. Jesus ist die menschliche Blaupause, die Flagge am Himmel, das ach-so-hoffnungsvolle Muster der göttlichen Verwandlung. Wer hätte gedacht, dass der Weg nach oben der Weg nach unten sein würde? Es ist, wie Paulus sagt, «das verborgene Geheimnis».

Vertraue dem Weg nach unten, Gott wird für den Weg nach oben sorgen. Das versetzt uns Menschen in die Lage, im Einklang mit dem Kreislauf des Lebens, aber auch untereinander im Einklang zu leben, und befreit uns von dem Bedürfnis, Geschichten des Erfolgs für uns und Geschichten des Scheiterns für andere schreiben zu wollen. In Jesus ist die Menschheit frei, menschlich und gefühlvoll zu handeln, anstatt in die «höheren Sphären» des Geistes «abheben» zu wollen. Damals wie heute sollte und wird das alles ändern.

Solche Gesinnung habt untereinander, wie sie auch in Christus Jesus war. Er, der in Gottesgestalt war, erachtete das Gottesgleichsein nicht als Beutestück; sondern er entäußerte sich selbst, nahm Knechtsgestalt an und wurde den Menschen gleich ... gehorsam bis zum Tod.

Philipper 2,5–7

Einladung zum Gebet

Herr Jesus, wenn du tatsächlich der Herr der Geschichte bist, dann zeigst du uns den Plan, die Richtung und die Bedeutung unseres Unterwegs-Seins als Menschen. Wie nie zuvor möchte ich sagen: «Jesus Christus ist der Herr.» Nun ist es keine Bestätigung einer Dominanz oder Überlegenheit über andere mehr, sondern einfach die Bereitschaft, deinem demütigen Weg zu vertrauen und zu folgen.

35

Die Magd des «Gottesknechts»

Jesaja 42,1–7; Johannes 12,1–11

Es ist mir nicht möglich, zwischen den beiden angegebenen Textstellen eine klare und offensichtliche Verbindung herzustellen. Beide stehen für sich als Meisterwerke der Offenbarung und Theologie.

Der Text aus Jesaja ist das erste der zu Recht so genannten vier «Gottesknechtlieder», die sich in dieser Woche fortsetzen werden. Entweder sind die vier Texte, die im Buch Jesaja verborgen sind, eine geniale Prophezeiung über das Schicksal Jesu, oder die Gestalt Jesu wurde später so «geformt», dass er zu diesen großartigen Beschreibungen passte. Die Übereinstimmungen sind in jedem Fall frappierend.

Im Evangelium begegnen wir einer Frau, die als «Magd» Jesu handelt. (Vielleicht ist das die Verbindung: die Magd des Knechts?) Zum wiederholten Mal übernimmt Maria von Betanien die Rolle eines eifrigen Jüngers anstatt, wie ihre Schwester Marta, die Rolle der Gastgeberin. Sie salbt Jesus die Füße mit kostbarem Nardenöl, das normalerweise den Toten vorbehalten war. Meine Interpretation der drei verschiedenen Berichte in den Evangelien ist, dass Maria die Unabwendbarkeit und Notwendigkeit von Jesu Tod akzeptiert (wozu Petrus und der männliche innere Zirkel nicht in der Lage sind!). «Das ganze Haus wurde vom Duft des Salböls erfüllt.»

Judas ist in der Geschichte der Wortführer, und er gibt vor, die Armen einem einfachen Akt der Liebe vorzuziehen. Das ist genau der Punkt hier. Es ist ein immer gültiges Urteil über das, was wir heute «linke Ideologie» nennen würden, und bildet ein gutes Gegengewicht zu der vorangegangenen Kritik an der Ideologie der religiösen Fanatiker und Pharisäer im «rechten Flügel». Jesu Antwort scheint direkt aus dem Deuteronomium zu stammen: «Nie wird es im Land an Armen fehlen. Darum gebiete ich dir hiermit: Öffne weit deine Hand für deinen bedrückten und armen Bruder» (15,11).

Unglücklicherweise ist nur der erste Satz im Evangelium zitiert, weshalb diese Geschichte immer wieder als Argument dafür herhalten muss, dass religiöse Frömmigkeit wichtiger sei als soziale Gerechtigkeit. Wie Paulus später tiefsinnig sagen wird: «Und wenn ich alle meine Habe verschenkte und wenn ich meinen Leib zum Verbrennen hingäbe, hätte aber die Liebe nicht, so nützte es mir nichts» (1 Korinther 13,3). Wie immer sind die Liebe zu Jesus und die Liebe zur Gerechtigkeit lediglich zwei verschiedene Formen der einen Liebe.

138

Er wird den Völkern Gerechtigkeit verkünden. Er wird nicht schreien und nicht lärmen, noch lässt er auf den Straßen seine Stimme hören ... bis er das Recht auf den Straßen verkündet hat. ... Ich, der Herr, ich habe dich in Gerechtigkeit berufen ... dass du blinde Augen öffnest und Gefangene aus der Haft befreist.

Jesaja 42,1–2.4.6–7

Einladung zum Gebet

Gott der Liebe und Gerechtigkeit, lass mich erkennen und leben, dass diese beiden nicht voneinander trennbar sind. Liebende Menschen werden Gerechtigkeit tun, und gerechte Menschen handeln mit Liebe und Respekt.

36

Der Schmerz des Verrats

Jesaja 49,1–6; Johannes 13,21–33.36–38

Heute werden wir zwei sehr eindrucksvolle Spuren weiterfolgen: das zweite Gottesknechtslied und, im Evangelium, das Entfalten der Ereignisse, die zu Jesu Tod führen. Das zweite Lied vom Gottesknecht enthält einen sehr ergreifenden Abschnitt, der uns auf die beiden Fälle des Verrats, die uns im Evangelium begegnen werden, vorbereitet und sie veranschaulicht: «Ich aber sagte: Ich habe mich umsonst gemüht, vergebens und nutzlos meine Kraft verzehrt» (Jesaja 49,4). Zweifelsohne kommt hier das Gefühl zum Ausdruck, das jeden von uns befällt, wenn sich ein geliebter Mensch gegen uns wendet. In gewisser Weise glauben wir alle, eine Art Vertrag mit dem Leben geschlossen zu haben, und wenn sich das Leben nicht so entwickelt, wie wir es uns erhofft haben, verspüren wir den stechenden Schmerz des Betrugs. Auf die ein oder andere Weise kennt das jeder von uns. Es ist wie ein Schlag ins Gesicht, der in uns ein Gefühl der Sinnlosigkeit und Leere zurücklässt.

Jesus durchlebt dieses Gefühl gleich zweimal, einmal mit Judas und einmal mit Petrus – beides Männer, die zu seinen engsten Vertrauten gehören. Je mehr Liebe und Hoffnung man in einen anderen Menschen investiert hat, desto

Dienstag der Karwoche

heftiger ist der Schmerz, den der Betrug über einen bringt. Wenn es auf einer tiefen, persönlichen Ebene geschieht, fragen wir uns, ob wir jemals wieder vertrauen können. Unser Herz «bricht». In Momenten wie diesen stehen wir an einem Scheidepunkt: Entweder wird uns unser gebrochenes Herz für immer verschließen, oder es wird mit der Zeit genau das Gegenteil bewirken und unsere Seele immer offener und weiter werden lassen – so wie wir es diese Woche bei Jesus beobachten können. Was geschieht, ist Folgendes: Wir lösen eine menschliche Abhängigkeit auf, finden die Güte, zu verzeihen und loszulassen, und verorten unser kleines Selbst in dem göttlichen Selbst neu, das uns niemals verrät (ja, niemals verraten *kann*). Für die meisten von uns dauert es Jahre, um diesen Weg zu bewältigen. Für Jesus scheint es ganz natürlich gewesen zu sein, auch wenn wir nicht wissen können, wie lange es tatsächlich gedauert hat, bis er dorthin gelangt ist. Alles, was wir sehen können, ist, dass im Text keine Bitterkeit zum Ausdruck kommt. In der Mitte der «Nacht», die sich fast schon über uns gelegt hat, beschreibt Jesus völlig ruhig und ohne Anschuldigungen, was bald geschehen wird.

Amen, amen, ich sage euch: Einer von euch wird mich verraten. … Was du tun willst, das tue bald [Judas]. … Es war aber Nacht. … Dein Leben willst du für mich hingeben [Petrus]? Amen, amen, ich sage dir: Noch ehe der Hahn kräht, wirst du mich dreimal verleugnen.

Johannes 13,21–27.30–38

Einladung zum Gebet

Einsamer Jesus, während die Woche fortschreitet, wirst du immer einsamer, bis schließlich alles, was du noch hast, die nackte, aber unerschütterliche Hoffnung auf Gott ist. Lass mich niemals vor einer solchen Prüfung stehen, ich weiß nicht, wie ich sie überleben könnte.

Dienstag der Karwoche

37

Wie viel wusste Jesus, und wann erkannte er es?

Jesaja 50,4–9a; Matthäus 26,14–25

Im dritten Lied vom Gottesknecht, aus dem der für heute vorgesehene Bibeltext stammt, begegnen uns einige sehr eindrückliche und treffende Bilder: «ein offenes Ohr», «eine Jüngerzunge», die es versteht, «den Müden zu stärken mit einem aufmunternden Wort». «Meinen Rücken bot ich denen dar, die mich schlugen, und meine Wangen denen, die mir den Bart ausrissen. Ich verbarg mich nicht vor Schmähung und Bespeien. ... Darum mache ich mein Angesicht hart wie Kiesel» (Jesaja 50,4–7). Wenn man den Text auf Jesus bezieht, wie wir Christen es immer getan haben, dann wird hier ganz offensichtlich jemand beschrieben, der sich voll und ganz den Bedingungen des Menschseins unterworfen hat – bis in die tiefsten Tiefen hinein. Er ist ein guter Zuhörer und Redner, doch am Ende handelt er im bloßen Vertrauen darauf, dass ein anderer ihm «hilft». Er ist absolut zuversichtlich, «dass er nicht beschämt werden wird». Der hier dargestellte «leidende Gottesknecht» ist ein menschliches Wesen wie du und ich. Er weiß nicht schon im Voraus, wie sich die Dinge entwickeln werden. Andernfalls würde er darauf vertrauen, dass er und Gott das gute Ende hervorbringen werden – was dann vor allem ein Test für die Willensstärke des eigenen Glaubens wäre. Doch Glaube bedeutet viel mehr als eine starke Willenskraft.

Im Matthäusevangelium scheint Jesus tatsächlich im Voraus zu wissen, dass Judas ihn verraten wird, und genau das sagt er ihm auch. Gleichzeitig scheint er aber auch zu sagen, dass es Schicksal oder Vorherbestimmung ist und schon in der Schrift so «geschrieben steht». Ist dieses Vorauswissen das Muster des leidenden Gottesknechtes, auf das er sich hier bezieht? Wir können es nicht sicher wissen, auch wenn Johannes der Meinung ist, dass es im Psalm 41,10, den er in 13,18 zitiert, vorausgesagt ist: «Sogar mein Freund, auf den ich vertraute, der mein Brot mit mir aß, er hat gegen mich die Ferse erhoben.» Wenn sich Jesus tatsächlich auf diesen Psalm bezieht, dann wird die Bedeutung klarer, denn der Psalm fährt fort: «Herr, erbarme dich meiner und richte mich auf» (41,11). Der Sieg des Beters ist ein tiefes Vertrauen auf Gott und sein unbegrenzter Glaube – nicht der Trick eines Superhelden, der den Ausgang der Dinge schon vorher kennt.

Es war kein guter Dienst an der Gemeinschaft der Gläubigen, wenn die Göttlichkeit Jesu so betont wurde, dass seine Menschlichkeit fast gänzlich aus unserem Bewusstsein verdrängt scheint. «Er musste nicht wie wir lernen zu vertrauen oder durch die Dunkelheit zu gehen, er wusste alles von Kindesbeinen an», so die naive Vorstellung vieler Christen. Der Brief an die Hebräer gibt Jesus jedoch die wunderbare Bezeichnung «Urheber und Vollender unseres Glaubens» (Hebräer 12,2). Es ist nicht anzunehmen, dass seine Art des Glaubens eine völlig andere war als die der übrigen Menschheit. Viele Theologen sind der Ansicht, dass das menschliche Bewusstsein Jesu und sein göttliches Bewusstsein erst bei der Auferstehung eins wurden. Bis dahin war er «in allem, die Sünde ausgenommen», genau wie wir (Hebräer 4,15).

Ich denke, Sie sind nun aufs Beste darauf vorbereitet, mit einem Jesus, der genauso Anteil nimmt, leidet und Gott vertraut, wie Sie und ich es lernen müssen, durch die Karwoche zu gehen. Auch ihn führte sein Weg in die Dunkelheit.

Als es Abend geworden war, legte er sich mit den zwölf Jüngern zu Tisch. Und während sie aßen, sprach er: Amen, ich sage euch: Einer von euch wird mich verraten. Da wurden sie sehr traurig und begannen, einer nach dem anderen, ihn zu fragen: Ich bin es doch nicht, Herr?

Matthäus 26,20–22

Einladung zum Gebet
Gläubiger Jesus, wie mein Glaube wurde auch dein Glaube versucht – sogar viel mehr noch als meiner. Und doch vertrautest du darauf, nicht beschämt zu werden und «empfahlst deinen Geist in Gottes Hände». Gib mir den Mut, in Zeiten der Prüfung dasselbe zu tun.

38

Gründonnerstag

Ohne Rituale sind Botschaft und Gruppe gleichermaßen verloren

Exodus 12,1–8.11–14; Johannes 13,1–15

Wie zu erwarten sind für den heutigen Tag drei monumentale Bibeltexte vorgesehen, und jeder von ihnen spielt in einem rituellen Kontext. Die alten Religionen wussten alle um die Bedeutung und Macht von Gruppenritualen. Nur sie können verhindern, dass die Erinnerung verblasst, indem sie den Gründungsmythos für jede Generation neu aufleben lassen. Sie allein gewährleisten den Zusammenhalt innerhalb der Gruppe und ermöglichen die Transformation der Menschen auf tieferen Ebenen ihres Bewusstseins – und Unterbewusstseins!

Im Evangelium ist die Botschaft kaum zu übersehen, Jesus macht sie unmissverständlich klar: «Was ich getan habe, sollt auch ihr tun.» Diese Aussage wiederholt er in verschiedenen Varianten (Johannes 13,13–20). Ich möchte jedoch vor allem auf den ersten oben genannten Bibeltext aus Exodus eingehen. Dieser ist für uns Christen wahrscheinlich nicht ganz so leicht zu verstehen. Das zentrale

Pascharitual gab den Menschen damals ihre Identität: «Dieser Tag soll euch ein Gedenktag sein und ihr sollt ihn zu Ehren des Herrn festlich begehen. Von Generation zu Generation sollt ihr ihn als eine immer während Einrichtung feiern» (Exodus 12,14).

Ich werde nur den zentralen Teil des Rituals erläutern, aber ich bin mir sicher, dass es Ihre Vorstellungskraft von dort aus auch alleine schafft. Beachten Sie, dass es im Text heißt, die Hebräer sollten am zehnten Tag des Frühlingsmonats ein kleines, einjähriges Lamm für jeden Haushalt nehmen. Sie sollen es vier Tage behalten – gerade lange genug, damit die Kinder eine Beziehung zu dem Tier aufbauen und alle es ins Herz schließen können – und es dann «gegen Abend schlachten». Dann sollen sie sein Blut nehmen und es an die Türrahmen der Häuser streichen. In dieser Nacht sollen sie das Lamm in höchst ritualisierter Weise verzehren, im Gedenken an ihren Auszug aus Ägypten und an Gottes Schutz auf ihrem Weg. Heute opfern Juden an Pessach keine Tiere mehr, doch damals sollte es – wie es ein Tötungsakt immer ist – ein psychischer Schock für alle sein. Wir können sehen, wie sich die menschliche Psyche im Lauf der Geschichte langsam entwickelt, bis sie schließlich so weit ist, das wahre Problem und das, was tatsächlich sterben muss, zu erkennen.

Ein Kulturanthropologe könnte erklären, was hier geschieht. Der Opferinstinkt ist die tiefe Erkenntnis, dass immer etwas sterben muss, damit etwas Größeres geboren werden kann. Die Bibel beginnt mit der Ablösung des Menschenopfers (Abraham und Isaak), geht über zum Opfern von Tieren und nähert uns langsam dem, was wirklich geopfert werden muss – unser eigenes, geliebtes Ego – *das so behütet und geliebt wird wie das kleine Hauslämmchen!* Wir alle finden endlose Vorwände und Entschuldigungen, nicht loszulassen, was wirklich sterben muss, um spirituell wachsen zu können. Und es sind weder andere Menschen (die erstgeborenen Söhne der Ägypter), Tiere (Lämmer oder Ziegen), noch nicht einmal das «Fleisch am Freitag», was Gott will oder braucht. Es ist immer unser geliebtes, vergängliches Selbst, das wir loslassen müssen. Jesus hätte gewiss ein Dutzend gute Gründe anführen können, warum es für ihn zu früh war zu sterben, so wenig erfolgreich, wie er zu diesem Zeitpunkt noch war. Und immerhin war er ja Gottes Sohn!

Indem er selbst zum symbolischen Paschalamm wird und zum Knecht, der im heutigen Evangelium die Füße der anderen wäscht, *macht Jesus ganz klar und konkret den Schritt zum Menschlichen und Persönlichen.* Es sind immer «wir» – in unserer Jugend, Schönheit, Macht und Überbehütetheit –, die hergegeben werden müssen. Anderenfalls werden wir niemals erwachsen werden und groß genug sein, um vom Geheimnis Gottes und der Liebe zu «essen». Es geht hier tatsächlich um ein «Pascha», ein «Hinüber-Gehen» zu einer höheren Ebene des Glaubens und des Lebens. Und das ist immer nur möglich, wenn wir für die vorherige Ebene auf irgendeine Weise «sterben». Wirklich, heute ist der Tag eines guten Rituals, in dem sämtliche Botschaften vereint sind, die für uns lebensnotwendig sind und doch so oft gemieden und verdrängt werden: notwendiges Leiden, wahres Teilen, göttliche Nähe und Dienst aus Liebe.

So sollt ihr es essen: eure Hüften gegürtet, eure Schuhe an euren Füßen und euren Stab in euren Händen. Ihr sollt es in Eile essen: Ein Pascha [«Vorübergang»] ist es für den Herrn.

Exodus 12,11

Weil Jesus die Seinen, die in der Welt waren, liebte, so liebte er sie bis zum Ende. … Er legte die Oberbekleidung ab, nahm ein Leinentuch, goss Wasser in das Waschbecken und begann, den Jüngern die Füße zu waschen.

Johannes 13,1.4.5

Einladung zum Gebet

An diesem heiligen Abend des Gebets möchte «ich eine Stunde mit dir wachen», damit du mir zeigen kannst, wie ich loslassen und leben soll. Lass mich deine Herrlichkeit im Brot, im Wein, im Gesang und selbst im Leinentuch des Knechts sehen.

39

K a r f r e i t a g

*Der Sündenbock und
das Sündenbock-Denken*

Jesaja 52,13–53,12; Johannes 18,1–19,42

An Karfreitag wird die Grundproblematik der Menschheit, von der sie in ihrer Geschichte ein ums andere Mal zu Boden gezwungen wird, offenbart und aufgelöst. Es ist tatsächlich ein «Good Friday», wie der Karfreitag im Englischen heißt. Das zentrale Thema, um das es heute geht, ist die Neigung der Menschen, andere auf jede erdenklichen Weise zu töten, um den eigenen Tod zu umgehen – den Tod unserer Illusionen, Selbsttäuschungen, unseres Narzissmus und unserer selbstzerstörerischen Verhaltensweisen. *Jesus stirbt «für» uns – nicht im Sinne von «anstelle von uns», sondern von «in Solidarität mit uns».* Das erstere wäre lediglich eine Art himmlische Transaktion; das zweite meint die Transformation unserer eigenen Seele und des Verlaufs der Geschichte.

Kain hat nie aufgehört, Abel zu töten. Seit dem ersten Kind von Adam und Eva ist das Muster bekannt. Doch was wir dabei oft übersehen: Gott sei Dank erhält selbst

Kain ein «Zeichen» zum Schutz, bevor er in das Land östlich von Eden zieht. Für uns Christen wurde das Kainsmal zum «Kreuzzeichen», unser Impfstoff gegen das Töten – und dagegen, durch unser Töten selbst getötet zu werden! Doch unser Impfstoff hat nicht immer gewirkt. Wir, die wir den Sündenbock «verehrt» haben, haben in der Regel selbst Sündenböcke geschaffen. Das Problem lag immer «anderswo» – oder zumindest außerhalb von uns und nicht in uns selbst.

Die Seele brauchte jemanden, auf den wir lange genug «blicken» konnten, um zu erkennen, dass wir es waren, die ihn «durchbohrt» haben (Johannes 19,37) – und damit auch uns selbst. Jesu Leib ist ein nachhaltiges Bild für das Handeln der Menschen und dessen, was Gott «mit», «in» und «durch» uns erleidet. Er ist das Bild, das für die absolute Solidarität Gottes mit unserem Schmerz und unseren Problemen steht. Er ist der Ort, an dem sich das große Geheimnis nach außen hin zeigt und zugleich für immer bewahrt wird. Er ist unser zentrales Bild der Verwandlung für die Seele. Wann immer Sie ein Bild des gekreuzigten Jesus sehen, denken Sie daran, dass es Ihnen die zentrale Botschaft klar und unverschleiert vor Augen stellt. Es zeigt, was die Menschheit sich selbst und anderen antut. *Schwächen Sie seine Bedeutung nicht ab, indem Sie es zum Bild einer rein mechanischen Transaktion machen, bei der Jesus einen «Preis» an Gott oder den Teufel zahlt. Der einzige Preis, der gezahlt wird, ist der an die unversöhnliche Seele des Menschen – damit sie endlich sehen kann!*

Wir Menschen hassen und attackieren das, was wir aus gutem Grunde lieben sollten – uns selbst, Gott und den

Rest der Schöpfung. Wir können nicht mit Jesus sagen: «Vater, vergib ihnen, denn sie wissen nicht, was sie tun» (Lukas 23,34). Keiner von uns weiß wirklich, was er tut, solange das äußere Kreuz nicht zur inneren Offenbarung eines jeden Aktes von menschlicher Grausamkeit, Krieg, Folter, Hunger, Krankheit, Missbrauch, Unterdrückung, Ungerechtigkeit, verfrühtem Tod und sinnlos verbrachtem Leben «vom Blut Abels, dem Gerechten, bis zum Blut des Zacharias, den ihr ermordet habt» (Matthäus 23,35), geworden ist! Das sind der erste und der letzte Mord in der Hebräischen Bibel Jesu, und Jesus scheint sie als ein und dasselbe zu betrachten. Seit Anbeginn der Zeit ist die Menschheit mit ein und derselben Blindheit geschlagen.

Am Kreuz wird der Vorhang zwischen dem Heiligen und dem Unheiligen «von oben bis unten entzweigerissen» (Matthäus 27,51). Der «Vorhang seines Leibes» wird zur «lebendigen Öffnung», durch die wir nun alle ins Allerheiligste eintreten können, das auf unterschiedlichen Ebenen sowohl unsere eigene Seele als auch das Herz Gottes ist. *Am Karfreitag hat sich nichts im Himmel verändert, möglicherweise aber alles auf der Erde.* Manche haben gelernt, den Bund zwischen Gott und der Menschheit zu sehen und auf ihn zu vertrauen. Gott liebt immer und ewig, was er geschaffen hat, es ist «gut, sehr gut» (Genesis 1,31). Wir waren es, die dieses allgegenwärtige Gutsein nicht lieben und sehen konnten. Wir waren außerhalb des «Vorhangs» gefangen und konnten das Geheimnis nicht sehen.

Doch nun können wir, wie es in unserer zweiten Textstelle heißt, «mit Zuversicht zum Thron der Gnade hintreten, damit wir Barmherzigkeit erlangen und Gnade finden»

(Hebräer 4,16). Der Vorhang ist und war schon immer weit offen, wie uns der nackte Leib und das blutende Herz Jesu, das wir Katholiken das «Heiligste Herz Jesu» nennen, auf dramatische Weise offenbaren. Anscheinend bedurften wir eines Bildes, das so schockierend, dramatisch und fesselnd ist wie dieses. Nur so waren wir wohl in der Lage, irgendetwas zu verstehen, uns selbst zu erkennen und der großen Liebe zu vertrauen.

Aber unsere Krankheiten hat er getragen, unsere Schmerzen hat er auf sich geladen; ... Er wurde durchbohrt um unserer Sünden willen, zerschlagen wegen unserer Missetaten. Zu unserem Heil lag die Strafe auf ihm; durch seine Wunden ist uns Heilung geworden. [Stellen Sie sich dieses Leiden nicht als Leiden «anstelle», sondern als Leiden «mit» vor. Das macht einen großen Unterschied.]

Jesaja 53,4–5

Es ist vollbracht! [Die Lüge ist nicht mehr.] Und er neigte das Haupt und übergab den Geist. [Die Wahrheit wurde der Geschichte anbefohlen.]

Johannes 19,30

Einladung zum Gebet

Gekreuzigter Jesus, du bist kein Fremder für meine Seele und du bist unserer Geschichte nicht fremd. Am Kreuz hast du alles offenbart, aufgelöst und vergeben. Heute stimme ich in den Dank der ganzen Welt an dich mit ein.

40

Karsamstag

Im Grenzbereich

Lukas 14,1–12

E r wird uns beleben nach zwei Tagen und am dritten Tag uns aufrichten, dass wir vor ihm leben» (Hosea 6,2). *Limes* ist das lateinische Wort für Grenze. Der «Grenzbereich» ist die wichtige Zeit dazwischen – in der alles geschieht und doch nichts zu geschehen scheint. Es ist die Wartezeit, in der der Kuchen backt, die Bewegung vollzogen wird, die Verwandlung geschieht. In unserem Fall können wir nicht einfach vom Freitag zum Sonntag springen, es muss einen Samstag dazwischen geben! Der Samstag ist natürlich der Tag, der in der jüdischen Tradition schon immer heilig war. Die Sabbatruhe spielt für die Juden eine zentrale Rolle, und selbst der Leichnam Jesu ruht am Samstag und wartet darauf, dass das geschieht, was Gott auch immer geplant haben mag. Es ist der große Akt unseres Vertrauens und gleichzeitig unserer Kapitulation. Eine neue «creatio *ex nihilo*» steht kurz bevor, doch zuerst müssen wir uns danach sehnen.

Für jeden von uns ist es die notwendige «Zeit der Überantwortung», in der sich die Seele und der Geist mit dem

Leib vereint. Heute sprechen wir in diesem Zusammenhang von notwendiger «Trauerarbeit». Die Zeit steht in Übereinkunft mit der Ewigkeit, und diese weicht niemals von ihren Spielregeln ab. Das erste Geheimnis muss erfasst, durchlitten und bedacht werden, bevor die Neugeburt stattfinden kann. Das Grab wird vorübergehend zur Gebärmutter. «Sie legten den Leichnam in ein Grab, das in einen Felsen gehauen war, und wälzten einen Stein vor den Eingang des Grabs», heißt es im Markusevangelium (15,46). Lukas lässt die Frauen «zusehen», bevor sie heimkehren, Balsam und Salböl vorbereiten und «am Sabbat ruhen, wie es das Gesetz vorschreibt» (Lukas 23,56). Große Dinge können nicht ohne Vorbereitung geschehen. Wir müssen auf sie warten, ihrer bedürfen, sie ersehnen und einen inneren Raum für sie schaffen. Die Sabbatruhe ist alles – und dennoch nichts. Genau wie die Seele und wie der Geist.

Heute Nacht wird die Kirche ihre wichtigste Liturgie des ganzen Jahres feiern. Alles dreht sich um diese eine Nacht und die notwendige Verwandlung der Seele. Ja, Jesus ist derjenige, der den Weg als Erster bewusst geht, doch tut er dies auf eine Weise, dass wir ihm vertrauensvoll folgen können. Morgen wird *tatsächlich* alles anders sein als heute. Man muss dieses Geheimnis einmal durchschritten haben – auf irgendeiner Ebene des realen Lebens –, oder es ist nur ein nettes Ritual oder ein dürrer Glaubenssatz. Augustinus nannte es zu Recht das «Paschageheimnis» oder das Geheimnis des Übergangs.

An dieser Stelle möchte ich schließen, damit Sie sich nun einem Übergang in Ihrem Leben anvertrauen können, den weder meine Worte noch irgendein Beweis, dass es für

Jesus tatsächlich so geschehen ist, für Sie vollziehen könnten. Sie müssen den Weg alleine zu Ende gehen. Wenn Sie den ganzen Kreislauf selbst durchlebt haben, werden Sie wissen, dass ihn auch Jesus durchlebt haben könnte und vielleicht sogar durchlebt hat! Nun sind Sie bereit für den Sonntag, den ersten Tag der Woche, den immer neuen Tag des auferstandenen Lebens. Er wird Ihnen von nun an ermöglichen, Ihr Leben im Blick zurück anzuschauen und zu verstehen und gleichzeitig mit Hoffnung nach vorne zu blicken.

Vergessen Sie nicht: Hoffnung ist nicht der vage Glaube, dass «alles irgendwie gut gehen wird». *Biblische Hoffnung ist die Gewissheit, dass alle Dinge, ganz gleich, wie sie sich entwickeln, am Ende vom Sieg des Lebens erzählen.* Das haben wir durch Jesus gelernt, und es gibt uns den Mut, von hier aus unser Leben nach vorne zu leben. Vielleicht ist eben das der Sinn der Fastenzeit.

Karsamstag

Ostern

Der ewige Sonntag

Am ersten Tag der Woche kamen die Frauen im ersten Morgengrauen zum Grab und brachten den Balsam, den sie bereitet hatten. Da fanden sie den Stein vom Grab weggewälzt und gingen hinein, fanden aber den Leichnam des Herrn Jesus nicht.

Lukas 24,1–2

Wenn ich über die Erde erhöht bin, werde ich alle an mich ziehen.

Johannes 12,32

Einladung zum Gebet

Für immer auferstandener Christus, du hast mich in dein Geheimnis der Passion, des Todes, des Wartens und des neuen Lebens mit hineingenommen. Weil ich dir vertraue, vertraue ich auch meinem eigenen Sterben. Lass mich an diesem Osterfest den Weg mit dir gehen – vom Anfang bis zum Ende. Hilf mir, unserem ewigen Sonntag von nun an mehr zu vertrauen als jedem Freitag des Sterbens oder Samstag des Wartens. Amen.

Zum Autor

RICHARD ROHR, geb. 1943, Franziskanerpater, Gründer des «Zentrums für Aktion und Kontemplation» in New Mexico/USA, gehört zu den international bekannten und gefragten Vertretern einer zeitgenössischen christlichen Spiritualität. Seine Bücher sind weltweite Erfolge und wurden oft zu entscheidenden Inspirationen für gegenwärtige spirituelle Suchbewegungen. Zuletzt im Verlag Herder: «Ins Herz geschrieben. Die Weisheit der Bibel als spiritueller Weg» (3. Auflage 2010), «Hoffnung und Achtsamkeit» (Neuausgabe 2010), «Auf dem Weg nach Weihnachten. Ein Begleiter durch die Adventszeit» (2009).

Richard Rohr im Verlag Herder

334 Seiten | Gebunden mit
Schutzumschlag und Leseband
ISBN 978-3-451-32005-7

Ein Schlüssel, um die ganze
biblische Botschaft zu verstehen
und als spirituellen Weg für die
Gegenwart zu entdecken.

300 Seiten | Gebunden mit
Schutzumschlag und Leseband
ISBN 978-3-451-32414-7

Der spirituelle Weg, der aus
den Sackgassen unserer Zeit
führt.

Als Bibelübersetzung ist dem deutschen Text Die Bibel. Die Heilige Schrift des Alten und Neuen Bundes © Verlag Herder, Freiburg im Breisgau 2005, *zugrunde gelegt und, wo nötig, dem Textverständnis des Autors entsprechend überarbeitet.*

MIX
Papier aus verantwor-
tungsvollen Quellen
FSC® C106847

FSC
www.fsc.org

Titel der Originalausgabe:
Wondrous Encounters: Scripture for Lent
2011, St. Anthony Messenger Press, Cincinnati, U.S.A.
www.SAMPBooks.org
© Richard Rohr 2011

Für die deutschsprachige Ausgabe:
© Verlag Herder GmbH, Freiburg im Breisgau 2012
Alle Rechte vorbehalten
www.herder.de

Umschlagmotiv: © bit.it / photocase.com
Umschlaggestaltung: Verlag Herder GmbH, Freiburg im Breisgau
Autorenfoto: Richard Rohr
© St. Anthony Messenger Press
Satz: post scriptum, Emmendingen / Hinterzarten
Herstellung: fgb · freiburger graphische betriebe
www.fgb.de

Printed in Germany
ISBN 978-3-451-32613-4